DISCLAIMER

The author and publisher are providing this book and its contents on an "as is" basis and make no representations or warranties of any kind with respect to this book or its contents. The author and publisher disclaim all such representations and warranties, including but not limited to warranties of merchantability. In addition, the author and publisher do not represent or warrant that the information accessible via this book is accurate, complete, or current.

Except as specifically stated in this book, neither the author nor publisher, nor any authors, contributors, or other representatives will be liable for damages arising out of or in connection with the use of this book. This is a comprehensive limitation of liability that applies to all damages of any kind, including (without limitation) compensatory; direct, indirect, or consequential damages; loss of data, income, or profit; loss of or damage to property; and claims of third parties.

Extra Graphic Material From: www.freepik.com
Thanks to: Alekksall, Starline, Pch.vector,
Dgim-studio, Upklyak, Macrovector
& Freepik.com Designers

This Book Offers Free Bonus Puzzles

Available Here:

BestActivityBooks.com/WSBONUS20

5 TIPS TO START!

1) HOW TO SOLVE

The Puzzles are in a Classic Format:

- Words are hidden without breaks (no spaces, dashes, ...)
- Orientation: Forward & Backward, Up & Down or in Diagonal (can be in both directions)
- Words can overlap or cross each other

2) LEVEL UP THE GAME!

A space is provided next to each word to write new ones, translations or notes. We also offer a convenient **NOTEBOOK** at the end of this edition. It can help you organize your annotations, new words and/or observations.

3) TAG YOUR WORDS

Have you tried using a tag system? For example, you could mark the words which have been difficult to find with a cross, the ones you loved with a star, new words with a triangle, rare words with a diamond and so on...

4) EASY TO CUT!

The Puzzles come with an Extra Large margin to easily cut the page out of the book. Some people may feel it more convenient to solve them this way.

5) FINISHED?

Go to the bonus section: **MONSTER CHALLENGE** to find a free game offered at the end of this edition!

Want **more fun** and activities to **relax? It's Fast and Simple!** An entire Game Book Collection **just one click away!**

Find your next challenge at:

BestActivityBooks.com/MyNextWordSearch

Ready, Set... Go!

Did you know there are around 7,000 different languages in the world? Words are precious.

We love languages and have been working hard to make the highest quality books for you. Our ingredients?

One part easy-to-read print, three parts entertainment, then we add some challenging words and a pinch of rare ones. We brew them with care to serve you lots of fun and an opportunity to solve the best puzzles.

Your feedback is essential. You can be an active participant in the success of this book by leaving us a review. Tell us what you liked most in this edition!

Here is a short link which will take you to your Amazon orders review page.

BestBooksActivity.com/Review50

Thanks for your fidelity and enjoy the Game!

 *Delta Classics Team*

Puzzle 1

V	D	O	D	Q	J	B	N	S	Σ	T	K	E	A	M
O	V	P	I	M	M	Ύ	Ή	O	O	I	A	Π	Π	H
Λ	D	E	Z	K	O	X	T	S	R	I	T	I	O	T
Ά	P	B	E	T	O	A	K	Σ	Ά	M	A	Π	Θ	P
Γ	E	Σ	I	H	M	N	A	W	J	H	N	T	Ή	I
A	I	A	U	Σ	Σ	H	O	A	O	Ξ	O	Ώ	K	K
Π	Π	B	Ί	T	Ό	Σ	O	M	J	H	H	Σ	E	Ή
A	F	M	P	J	I	E	C	R	I	P	T	E	Y	R
Π	O	E	I	C	O	Θ	X	A	C	K	Ό	I	Σ	I
N	M	X	G	B	Π	Ί	W	P	X	Έ	Ή	Σ	H	M
G	I	C	Z	Y	O	T	M	A	Γ	A	Π	H	T	Έ
Q	Σ	T	W	J	Θ	N	T	Z	Ί	N	T	Z	E	P
N	Ή	V	M	X	H	A	I	K	Ά	M	Ω	Ψ	M	Z
X	Ψ	O	E	Π	I	Λ	Έ	Ξ	I	M	E	Σ	P	U

ΑΚΤΉ
ΗΘΟΠΟΙΌΣ
ΨΩΜΆΚΙΑ
ΑΝΤΊΘΕΣΗ
ΝΟΜΊΣΜΑΤΟΣ
ΨΉΣΙΜΟ
ΈΚΡΗΞΗ
ΑΓΑΠΗΤΈ
ΕΠΙΠΤΏΣΕΙΣ
ΕΠΙΛΈΞΙΜΕΣ

ΤΟΥ
ΜΆΣΚΑ
ΠΑΠΑΓΆΛΟ
ΤΖΊΝΤΖΕΡ
ΜΗΤΡΙΚΉ
ΑΠΑΙΤΟΎΝ
ΑΠΟΘΉΚΕΥΣΗ
ΤΌΣΟ
ΟΙΚΟΝΟΜΙΚΉ
ΚΑΤΑΝΟΗΤΌ

Puzzle 2

```
L  L  A  Ί  Γ  A  P  P  O  M  I  A  A  Φ  K
D  H  Ί  N  E  S  Y  O  A  O  H  P  Ί  Y  O
X  A  P  I  T  Ω  M  Έ  N  O  Y  A  Σ  Λ  N
S  O  Ω  Λ  E  A  Σ  Σ  Έ  Φ  A  Σ  A  A  T
E  P  Δ  Ύ  Σ  K  E  Ύ  Έ  O  Y  Y  T  K  Ά
K  Γ  O  O  Ά  I  A  Γ  Γ  D  E  R  Σ  Ή  V
Δ  Ά  I  P  B  G  E  P  S  X  M  F  O  E  T
Ύ  N  A  A  A  P  C  A  Φ  Y  P  V  P  T  D
Σ  Ω  N  M  I  Z  N  W  Y  Ί  U  O  Π  M  K
K  Σ  N  B  Δ  H  I  J  D  G  T  Ό  N  E  K
O  H  E  E  K  Φ  P  Ά  Σ  E  I  Σ  V  E  U
Λ  R  Γ  Σ  X  O  Λ  E  Ί  O  Y  H  A  G  Σ
A  Σ  Y  M  B  O  Y  Λ  Ή  M  M  A  P  Γ  L
M  Π  I  Z  Έ  Λ  I  A  M  G  O  G  B  U  K
```

KENΌ
ΧΑΡΙΤΩΜΈΝΟ
ΚΑΡΦΊΤΣΑ
ΓΡΑΜΜΉ
ΚΟΝΤΆ
ΣΥΜΒΟΥΛΉ
ΜΠΙΖΈΛΙΑ
ΣΧΟΛΕΊΟΥ
ΔΙΑΒΆΣΕΤΕ
ΕΚΦΡΆΣΕΙ

ΣΑΦΈΣ
ΑΙΜΟΡΡΑΓΊΑ
ΔΎΣΚΟΛΑ
ΣΎΓΧΡΟΝΕΣ
ΦΥΛΑΚΉ
ΜΑΡΟΎΛΙ
ΟΡΓΆΝΩΣΗ
ΓΕΝΝΑΙΟΔΩΡΊΑ
ΓΈΦΥΡΑ
ΠΡΟΣΤΑΣΊΑ

Puzzle 3

```
A  U  Φ  X  F  K  M  X  L  H  X  Λ  W  Υ  T
Ύ  K  Ά  A  Υ  P  O  Λ  U  Q  C  A  Δ  Π  I
Ξ  D  N  A  B  A  Y  D  Ί  X  Z  I  Ά  O  P
H  K  T  P  A  Γ  Σ  Ά  U  M  I  M  Σ  Δ  Π
Σ  G  A  M  Π  I  E  P  P  P  N  Ό  O  O  O
H  M  Σ  O  Ό  Ό  Ί  E  E  G  P  H  Σ  X  Λ
K  N  M  G  Θ  N  Ω  Φ  A  Υ  I  Σ  J  Ή  Λ
L  Y  A  N  E  I  N  Υ  N  Υ  R  O  A  Σ  Ώ
L  W  P  N  M  A  H  P  Z  O  T  X  N  V  N
U  Z  Y  Ί  A  U  H  T  V  H  R  Ό  A  Υ  R
J  D  A  T  A  Γ  Ό  I  P  Γ  A  T  Φ  V  O
M  Π  E  P  Δ  E  M  Έ  N  A  J  Σ  O  P  K
Λ  E  I  T  O  Υ  P  Γ  Ί  A  M  V  P  W  C
Π  A  P  Ά  Λ  O  Γ  H  Δ  Ί  E  T  Ά  T  L
```

ΑΓΡΙΌΓΑΤΑ	ΦΆΝΤΑΣΜΑ
ΑΝΑΦΟΡΆ	ΑΠΌΘΕΜΑ
ΚΡΑΓΙΌΝΙΑ	ΛΕΙΤΟΥΡΓΊΑ
ΆΥΞΗΣΗ	ΕΊΔΗ
ΠΟΛΛΏΝ	ΤΡΥΦΕΡΆ
ΕΑΥΤΟ	ΔΆΣΟΣ
ΠΑΡΆΛΟΓΗ	ΛΊΜΝΗ
ΣΤΌΧΟΣ	ΜΠΕΡΔΕΜΈΝΑ
ΛΑΙΜΌ	ΚΥΡΊΑ
ΜΟΥΣΕΊΩΝ	ΥΠΟΔΟΧΉΣ

Puzzle 4

```
Η  Τ  Β  Ό  Ρ  Ε  Ι  Α  Χ  Ο  Ί  Ρ  Ω  Ν  Ή
Κ  G  A  Ρ  Ε  Μ  Ή  Σ  Α  Ί  Ε  Γ  Υ  Λ  Ε
Α  C  K  X  X  Z  K  D  R  A  C  O  O  A  Υ
Δ  Ώ  Ρ  O  Ύ  Υ  I  J  T  R  M  T  W  N  H
Ί  K  D  B  W  T  Γ  B  C  E  Σ  R  C  M  O
Π  Ό  Ρ  Ε  W  J  H  X  O  O  K  D  P  M  M
Μ  Σ  Q  Σ  Α  Σ  Τ  Π  Χ  Ρ  Φ  Τ  M  A
Α  Μ  Φ  Ί  Λ  O  A  A  A  R  O  E  B  Έ  Θ
Λ  O  R  B  W  L  P  P  Μ  Σ  Μ  N  O  Γ  A
O  V  T  V  T  T  T  C  C  Ό  C  N  Ύ  A  Ί
Γ  F  J  U  U  L  Σ  O  Μ  Λ  O  Ύ  T  I  N
Υ  A  E  Ρ  Ί  O  Υ  Ρ  Μ  Υ  J  Σ  Υ  Ρ  O
Π  D  I  E  Ρ  Ύ  E  Φ  E  T  O  B  Ρ  A  Υ
V  I  O  V  Υ  Θ  Υ  Ρ  O  Σ  J  V  O  E  N
```

ΑΠΟΣΤΟΛΉ
ΣΤΥΛΌ
ΜΑΘΑΊΝΟΥΝ
ΧΟΊΡΩΝ
ΠΥΓΟΛΑΜΠΊΔΑ
ΣΎΝΝΕΦΟ
ΚΌΣΜΟ
ΘΕΡΜΌΜΕΤΡΟ
ΦΊΛΟ
ΑΕΡΊΟΥ

ΒΌΡΕΙΑ
ΜΈΓΑΙΡΑ
ΤΑΧΎΤΗΤΑΣ
ΥΓΕΊΑΣ
ΒΟΎΤΥΡΟ
ΣΑΣ
ΔΏΡΟ
ΕΦΕΎΡΕΙ
ΣΤΡΑΤΗΓΙΚΉ
ΣΉΜΕΡΑ

Puzzle 5

```
Σ  X  L  K  Ά  Ψ  E  I  Έ  P  E  Y  N  A  Σ
A  H  K  A  N  A  P  Ί  N  I  M  B  R  N  O
N  Λ  M  Φ  N  G  C  Q  Ή  Λ  I  O  B  Y  Σ
Ί  O  Χ  A  P  B  T  Q  F  P  O  M  I  O  N
Π  Ύ  Λ  M  T  Ά  E  D  P  Z  Λ  K  T  N  O
M  Λ  E  H  B  O  X  N  H  U  Ό  Ά  L  Ά  R
A  O  Y  T  A  I  Δ  T  Σ  R  Λ  A  U  X  Y
K  Ύ  A  K  P  F  K  O  H  Π  E  W  H  W  Q
T  Δ  Σ  Έ  E  D  Z  O  T  M  Y  T  E  P  Ά
Z  I  M  N  Θ  A  C  P  Ώ  Ή  Γ  A  Λ  Λ  A
M  Ά  Ό  O  E  B  B  X  P  Q  Σ  I  K  A  M
W  Z  Σ  E  Ί  W  D  V  E  X  L  E  Q  G  D
O  G  A  Λ  Σ  Y  Γ  Γ  N  Ώ  M  H  I  T  A
Q  N  K  Π  M  Z  E  Y  X  A  P  I  Σ  T  Ώ
```

ΦΡΆΧΤΗ	MOB
ΑΛΛΑΓΉ	ΣΥΓΓΝΏΜΗ
ΠΛΕΟΝΈΚΤΗΜΑ	ΕΥΧΑΡΙΣΤΏ
ΌΛΟΙ	ΉΛΙΟ
ΈΡΕΥΝΑΣ	ΜΥΤΕΡΆ
ΕΡΏΤΗΣΗ	ΣΗΜΑΤΟΔΟΤΉΣΕΙ
ΒΑΡΕΘΕΊ	ΧΆΝΟΥΝ
ΚΑΝΑΡΊΝΙ	ΧΛΕΥΑΣΜΌΣ
ΛΟΥΛΟΎΔΙΑ	ΚΆΨΕΙ
ΠΛΆΤΟΣ	ΚΑΜΠΊΝΑΣ

Puzzle 6

```
A  K  A  N  Ó  N  I  Σ  T  H  H  W  R  F  E
Π  N  Y  Q  K  Z  X  S  F  Σ  Σ  I  T  H  N
E  N  H  O  A  X  L  A  H  G  Ύ  C  T  Q  A
P  A  G  X  K  U  D  P  N  J  Φ  É  U  H  Λ
Í  H  T  A  T  O  Ή  A  A  Ά  Λ  M  A  H  Λ
Π  E  O  S  A  T  L  R  Í  E  Θ  X  E  Δ  A
Λ  Ύ  O  V  A  H  Z  Ό  M  Θ  A  T  Σ  M  K
O  K  F  I  I  N  Π  Ό  Λ  E  M  O  O  N  T
K  O  Δ  A  E  Í  T  Y  X  A  Í  A  P  D  I
H  Λ  F  Π  Θ  K  H  Λ  I  É  Λ  A  I  O  K
H  O  W  E  Ή  O  A  P  N  H  T  I  K  Ό  É
K  P  U  I  N  T  K  K  P  V  R  Q  Z  E  Σ
P  T  N  Λ  Y  Y  O  Δ  É  Π  A  Δ  V  N  P
X  N  B  Ή  Σ  A  E  J  S  C  P  Y  Θ  M  Ό
```

ΕΎΚΟΛΟ
ΑΠΕΙΛΉ
ΕΝΑΛΛΑΚΤΙΚΈΣ
ΔΑΠΈΔΟΥ
ΗΛΙΈΛΑΙΟ
ΣΥΝΉΘΕΙΑ
ΑΝΆ
ΡΥΘΜΌ
ΑΡΝΗΤΙΚΌ
ΠΌΛΕΜΟ

ΤΥΧΑΊΑ
ΑΥΤΟΚΊΝΗΤΟ
ΑΚΑΝΌΝΙΣΤΗ
ΔΕΧΘΕΊ
ΦΎΣΗ
ΔΙΑΤΉΡΗΣΗ
ΜΕΛΈΤΗ
ΠΕΡΊΠΛΟΚΗ
ΚΑΚΌ
ΣΤΑΘΜΌ

Puzzle 7

Ε	Σ	Τ	Ί	Α	Σ	Η	Ν	Τ	Ο	Υ	Λ	Ά	Π	Α
Ε	Π	Λ	Α	Ν	Ή	Τ	Ε	Σ	J	F	M	Q	F	F
Δ	Σ	Α	F	Ξ	I	Β	Η	Ο	Χ	S	M	Q	M	J
Ά	Ί	Ν	Κ	Ύ	Ο	Κ	Λ	Α	Χ	Α	I	Π	Ά	Π
Φ	Γ	Τ	Ν	Σ	I	Υ	I	Ν	S	D	Λ	H	S	Y
Ο	Ο	Ί	Ή	Τ	Δ	D	Κ	Ο	Ζ	Ο	S	Α	W	I
Υ	Υ	Π	Ν	Ρ	Ί	Ν	R	Q	Κ	Ί	Ε	Χ	P	K
Σ	Ρ	Α	Ε	Α	J	Β	Κ	J	Υ	Ε	U	G	Ε	Ά
D	Ο	Λ	Θ	Η	F	Β	C	Ρ	Ε	Λ	Η	Q	V	Ν
Α	I	Ο	Σ	Υ	M	Β	Ά	Ν	Α	Α	C	C	N	Α
Ν	Ν	U	Α	Φ	Ά	Ε	I	Ρ	R	Γ	F	I	Κ	Π
Σ	Υ	Ν	Ή	Θ	Ω	Σ	Ώ	Β	Α	Ρ	V	M	L	Σ
Α	L	Ο	Ζ	Ο	Υ	Δ	Χ	C	Ρ	Ε	Q	Y	I	L
Κ	Ο	Ρ	Τ	Α	Λ	Έ	Ν	Τ	Ο	W	W	Q	Β	U

ΤΑΛΈΝΤΟ · ΑΣΘΕΝΉ
ΧΑΛΚΟΎ · ΕΣΤΊΑΣΗ
ΣΥΝΉΘΩΣ · ΊΔΙΟΙ
ΦΆΕΙ · ΠΆΠΙΑ
ΕΔΆΦΟΥΣ · ΞΎΣΤΡΑ
ΝΤΟΥΛΆΠΑ · ΧΑΛΑΡΆ
ΕΡΓΑΛΕΊΟ · ΣΠΑΝΆΚΙ
ΣΊΓΟΥΡΟΙ · ΠΛΑΝΉΤΕΣ
ΜΠΛΟΚ · ΣΥΜΒΆΝ
ΔΏΡΑ · ΑΝΤΊΠΑΛΟ

Puzzle 8

```
Ο  Σ  Κ  Ί  Ο  Υ  Ρ  Ο  Σ  Ζ  Ν  S  V  T  B
Ρ  Ί  Π  Μ  Α  Β  Ε  Ρ  Υ  Υ  W  X  D  T  E
Η  C  Ά  Β  Ρ  F  O  Q  O  Ε  Σ  I  Θ  Ά  Κ
Λ  V  Λ  I  T  W  D  Κ  Α  Α  Λ  Λ  C  Λ  Λ
Κ  I  Λ  I  Έ  W  Ώ  Ω  Ί  Τ  Α  I  Χ  I  Ο
Ό  L  O  Π  I  R  Σ  Χ  Ν  Ο  Ώ  Β  Λ  Γ
Λ  Κ  Π  Ν  Δ  V  Α  Ί  Υ  Α  Γ  Σ  J  Q  Α
Ο  S  D  I  Τ  Κ  C  Π  Τ  Φ  Ρ  Ε  Μ  Ν  Ρ
Ο  Α  Π  Υ  I  Ά  Α  U  Σ  Έ  Α  I  Μ  Ρ  I
Υ  Ε  Υ  Δ  D  G  Ρ  D  Υ  Λ  Φ  U  J  Α  Α
R  V  Α  Δ  Έ  Κ  Α  I  Δ  Ε  Ί  Q  Μ  Χ  Σ
Ε  I  Η  Ν  Χ  Έ  Τ  I  Λ  Λ  Α  Κ  Τ  Α  Μ
Δ  Π  Ρ  Ο  Ε  Τ  Ο  I  Μ  Α  Σ  Ί  Α  Η  Ό
Σ  Κ  Έ  Φ  Τ  Ο  Ν  Τ  Α  I  U  Μ  I  Κ  Ν
```

KAΛΛITΈXNH
ΔΈKA
ΛAOΓPAΦΊA
ΠΈTPA
KΆΘIΣE
ΛIΏΣEI
ΔYΣTYXΊA
ΛOΓAPIAΣMΌ
ΛIΛΆ
EΛΈΦANTA

OΛΌKΛHPO
ΣKΈΦTONTAI
ΠΊΣΩ
ΣKΊOYPOΣ
ΠOΛΛΆ
ΠPOETOIMAΣΊA
ΛIONTΆPI
EΠIΔIΏKOYN
ΔIAΔIKAΣΊAΣ
BAMΠΊP

Puzzle 9

```
Δ  Ε  Δ  Ο  Μ  Έ  Ν  Α  Α  Χ  Ρ  Ο  Κ  Q  Γ
Η  Σ  Η  Μ  Ί  Τ  Κ  Ε  Υ  Ι  Α  C  O  B  N
Δ  Λ  Ι  Θ  Έ  Α  Τ  Ρ  Ο  Ζ  Β  D  Ύ  Ι  Ω
Ρ  S  E  V  F  E  X  R  V  Ρ  Υ  Ε  N  Τ  Σ
Ό  N  Ψ  Κ  Β  Υ  Ι  Μ  Α  C  Λ  L  Η  Α  Τ
Μ  Ν  Ί  Σ  Τ  Ι  Υ  Ο  Τ  Ν  Ά  Σ  Μ  Μ  Ά
Ο  Ι  Ρ  Ν  V  Ρ  F  R  Σ  W  Χ  G  Α  Ί  Α
Σ  Β  Ρ  R  Q  Μ  Ι  Ύ  J  Υ  Q  C  B  N  N
S  Z  O  Α  Α  Μ  Ν  Κ  D  V  Υ  Α  G  E  Ά
C  Β  Π  Ο  C  Ο  Ν  Ν  Ή  Γ  Η  Λ  Π  Σ  Κ
Ε  Ξ  Α  Ί  Ρ  Ε  Σ  Η  Σ  Σ  Ν  V  Τ  Α
Μ  Ε  Τ  Α  Β  Λ  Η  Τ  Έ  Σ  Η  Μ  Ι  Μ  Μ
Υ  Π  Ο  Ψ  Ή  Φ  Ι  Ο  D  Γ  J  Υ  W  Α  Ψ
Β  Ά  Τ  Ρ  Α  Χ  Ο  Σ  Κ  Ρ  Α  Υ  Γ  Ή  Η
```

ΥΠΟΨΉΦΙΟ
ΑΠΟΡΡΊΨΕΙ
ΣΆΝΤΟΥΙΤΣ
ΒΆΤΡΑΧΟΣ
ΔΡΌΜΟΣ
ΚΡΑΥΓΉ
ΓΗΣ
ΣΎΝΟΡΑ
ΗΛΕΚΤΡΙΚΉΣ
ΜΕΤΑΒΛΗΤΈΣ

ΕΞΑΊΡΕΣΗΣ
ΑΝΆΚΑΜΨΗ
ΠΛΗΓΉ
ΘΈΑΤΡΟ
ΚΟΎΝΗΜΑ
ΔΕΔΟΜΈΝΑ
ΕΚΤΊΜΗΣΗ
ΒΙΤΑΜΊΝΕΣ
ΓΝΩΣΤΆ
ΧΆΛΥΒΑ

Puzzle 10

```
Σ  Μ  Λ  Ί  Ρ  Ε  Σ  Q  Β  Τ  Α  Σ  Α  Χ  Κ
Ο  Κ  Ε  Α  L  U  Ζ  G  Χ  Ι  Σ  Η  Π  Υ  L
Ν  L  Α  Ι  Χ  Ρ  Ό  Ν  Ο  Ν  Φ  Μ  Ε  Q  W
Έ  Υ  Ι  Ν  Ώ  Η  Υ  V  J  Α  Ά  Α  Ι  Υ  Ν
Μ  C  Ο  Q  Τ  Σ  L  Β  F  Ζ  Λ  Ί  Κ  Π  Κ
Υ  Α  Μ  Q  G  Ζ  Ε  G  V  Ό  Ε  Α  Ο  Ε  Ε
Ε  Ε  Ό  Q  U  G  Ό  Ι  Υ  Τ  Ι  Κ  Ν  Ρ  Κ
Τ  Η  Ν  C  S  Α  Ν  Χ  D  Α  Α  Λ  Ί  Ή  Η
Η  Κ  Α  Σ  Μ  W  Η  Τ  Ο  Ν  Ε  Ί  Ζ  Φ  Θ
Ο  Ι  Β  Ί  Β  Ε  Θ  Τ  Q  Ι  D  Σ  Ο  Α  Ή
Γ  Ρ  Λ  Ρ  Ν  Ρ  Φ  Ν  L  L  Ρ  Η  Υ  Ν  Ν
Ο  Κ  J  Ω  Χ  Ρ  Έ  Ω  Σ  Η  V  Ο  Ν  Ο  Ν
Π  Β  U  Ν  Θ  Λ  Ι  Β  Ε  Ρ  Ή  Ι  Σ  Ι  Ε
Α  Α  Q  C  Τ  Η  Γ  Ά  Ν  Ι  Κ  Ά  Ρ  Ε  Γ
```

ΑΝΌΜΟΙΑ

ΓΕΡΆΚΙ

ΓΕΝΝΉΘΗΚΕ

ΣΚΑΝΤΖΌΧΟΙΡΟΣ

ΘΛΙΒΕΡΉ

ΑΠΟΓΟΗΤΕΥΜΈΝΟΣ

ΚΛΊΜΑ

ΜΕΙΏΣΕΙ

ΚΛΊΣΗ

ΧΡΈΩΣΗ

ΥΠΕΡΉΦΑΝΟΙ

ΤΗΓΆΝΙ

ΑΠΕΙΚΟΝΊΖΟΥΝ

ΧΡΌΝΟ

ΤΙΝΑΖΌΤΑΝ

ΑΣΦΆΛΕΙΑ

ΣΗΜΑΊΑ

ΛΊΡΕΣ

ΝΩΡΊΣ

ΦΘΗΝΌ

Puzzle 11

```
N  B  M  Ύ  O  M  Σ  I  N  O  N  A  K  Π  B
S  H  I  U  Ά  Π  Γ  E  Ί  T  O  N  A  E  A
Q  Ξ  D  Z  K  Y  Λ  S  H  E  P  M  Y  I  T
S  Y  C  N  A  A  U  Ώ  W  S  S  Έ  Z  N  Ό
W  E  R  W  K  E  P  W  N  V  X  T  X  A  M
K  T  Σ  Ά  B  B  A  T  O  H  Ή  P  N  Σ  O
A  Ί  R  T  M  E  I  P  Ύ  K  K  O  H  M  Y
M  Π  Q  H  T  Σ  Y  O  Λ  Ό  I  Λ  H  Έ  P
Ή  E  S  E  B  Ά  Σ  H  Σ  K  T  A  S  N  O
Λ  Θ  B  Σ  S  T  T  T  U  E  K  N  B  O  X
A  Ά  F  V  O  Y  O  V  J  M  P  T  V  I  R
Λ  K  Y  L  O  Ύ  C  C  V  K  A  Ί  X  C  G
Y  Q  G  J  C  L  Π  Δ  I  A  T  P  I  B  Ή
Z  Z  G  D  Σ  Ή  K  A  I  N  H  Λ  E  Σ  X
```

ΗΛΙΌΛΟΥΣΤΗ
ΑΝΤΊ
ΜΈΤΡΟ
ΣΟΎΠΑ
ΔΙΑΤΡΙΒΉ
ΛΆΒΕΤΕ
ΚΎΡΙΕ
ΚΑΜΉΛΑ
ΚΑΝΟΝΙΣΜΟΎ
ΠΕΙΝΑΣΜΈΝΟΙ

ΒΆΣΗΣ
ΚΑΚΆΟ
ΓΕΊΤΟΝΑ
ΑΡΚΤΙΚΉ
ΣΆΒΒΑΤΟ
ΌΠΛΩΝ
ΚΆΘΕ
ΣΕΛΗΝΙΑΚΉΣ
ΕΠΊΤΕΥΞΗ
ΒΑΤΟΜΟΥΡΟ

Puzzle 12

```
Ά  Ε  Π  Ο  Ί  Κ  Ω  N  U  L  J  Ύ  P  D  H
Λ  Ε  Υ  Π  Ρ  Ό  Σ  Δ  Ε  Κ  Τ  Η  Π  Σ  M
Λ  N  Z  Z  F  J  Q  Κ  Ρ  Υ  R  L  Ε  N  N
Ο  Z  Η  Β  I  Ο  Λ  Ε  Τ  Ί  L  Θ  Κ  Ξ  Ο
I  Α  Τ  N  Ύ  Ο  Β  Ο  Φ  Κ  N  L  Α  Ε  U
S  I  Ί  I  M  Q  W  U  Κ  Ύ  R  Ρ  Θ  Σ  T
N  M  Λ  Z  L  I  Ο  I  Σ  N  Κ  R  Ή  Π  Α
Π  Ύ  Ο  Ά  Α  Ε  Ρ  Ο  D  Z  J  L  Κ  Ά  X
Α  Ο  Π  Λ  Q  Ί  Π  Υ  Ρ  N  N  R  Ο  Σ  Λ
Τ  M  L  Α  Α  Α  I  F  X  J  Q  Q  N  Ε  Ά
Ά  C  M  X  Λ  Α  X  Α  N  I  Κ  Ώ  N  I  Δ
Τ  Q  Α  M  Γ  I  Λ  Ύ  Τ  I  Ρ  Ε  Π  S  I
Α  M  M  Η  X  Α  N  Ή  Ρ  Z  Ά  X  Α  Ρ  Η
Κ  I  N  Η  M  Α  Τ  Ο  Γ  Ρ  Ά  Φ  Ο  Σ  I
```

ΞΕΣΠΆΣΕΙ
ΠΕΡΙΤΎΛΙΓΜΑ
ΠΑΤΆΤΑ
ΚΑΘΉΚΟΝ
ΑΧΛΆΔΙ
ΜΟΎΜΙΑ
ΠΟΛΊΤΗ
ΛΑΧΑΝΙΚΏΝ
ΖΆΧΑΡΗ
ΚΙΝΗΜΑΤΟΓΡΆΦΟΣ

ΕΠΟΊΚΩΝ
ΜΑΧΑΊΡΙ
ΑΠΟΣΎΝΘΕΣΗ
ΜΗΧΑΝΉ
ΕΥΠΡΌΣΔΕΚΤΗ
ΧΑΛΆΖΙ
ΆΛΛΟΙ
ΎΠΝΟ
ΒΙΟΛΕΤΊ
ΦΟΒΟΎΝΤΑΙ

Puzzle 13

```
Φ  Τ  Ά  Σ  Ε  Ι  Ξ  Ε  Κ  Ί  Ν  Η  Σ  Ε  Ι
G  W  J  Φ  U  C  Ι  Σ  Ε  Σ  Χ  Ε  Δ  Ό  Ν
Α  Β  Β  Τ  Ω  Μ  G  Ε  Υ  Υ  Κ  Κ  Χ  Ι  Q
Π  Π  Χ  Ρ  C  Σ  Q  Ρ  Γ  Ζ  Α  Μ  V  Ζ  Α
Ι  Σ  Ο  Π  Ί  Λ  Ν  Ά  Ε  Α  Κ  Ρ  Ί  Δ  Α
Ρ  Μ  Τ  Ξ  F  Ν  F  Χ  Ν  Α  Σ  Φ  Α  Λ  Ή
Ο  Π  Π  R  Η  Μ  D  Τ  Ι  Ι  Ο  W  Ζ  Ν  Q
Ύ  Ρ  Μ  R  W  Π  Ι  Ρ  Κ  Ε  Λ  J  Υ  Ν  F
Ν  Ο  Α  Μ  J  Σ  Α  Χ  Ό  Λ  Ε  Ο  Ε  W  Κ
Ι  Σ  Κ  Μ  Τ  S  G  Μ  W  Έ  Φ  W  Ζ  C  Η
Ν  Τ  Ά  Α  W  G  Η  J  Έ  Τ  Ό  G  Χ  Η  Β
J  Ά  Θ  Κ  Ό  Μ  Μ  Α  C  Ν  G  Υ  F  Α  Ρ
C  Ε  Π  Ρ  Ώ  Η  Ν  Ζ  Ρ  Ν  Α  Q  Ρ  Q  J
Ί  Ω  Ρ  Π  J  Α  Γ  Κ  Ά  Λ  Ι  Α  Σ  Ε  Μ
```

ΑΓΚΆΛΙΑΣΕ	ΑΝΤΙΣΤΑΘΕΊ
ΤΈΛΕΙΑ	ΌΦΕΛΟΣ
ΑΠΟΞΗΡΑΜΈΝΑ	ΆΡΕΣΕ
ΦΤΆΣΕΙ	ΞΕΚΊΝΗΣΕ
ΠΙΡΟΎΝΙ	ΣΧΕΔΌΝ
ΜΠΡΟΣΤΆ	ΛΊΠΟΣ
ΆΚΑΜΠΤΟ	ΚΌΜΜΑ
ΠΡΏΗΝ	ΑΚΡΊΔΑ
ΦΩΣ	ΠΡΩΊ
ΕΥΓΕΝΙΚΌ	ΑΣΦΑΛΉ

Puzzle 14

```
K  W  S  E  N  P  J  B  G  A  T  T  U  T  W
A  S  S  Ώ  Υ  Υ  Κ  Ν  Σ  Ο  Λ  Ε  Γ  Γ  Ά
E  U  T  V  I  K  L  I  B  G  K  M  C  Q  W
Ί  Σ  V  V  Λ  W  O  G  A  M  H  Π  Ύ  T  X
O  L  H  Z  Ά  K  N  Λ  C  F  C  Έ  F  H  A
H  G  O  P  K  H  I  D  Ί  F  G  Λ  C  X  O
Y  H  Σ  A  Y  Y  P  I  N  A  T  H  E  L  F
A  Π  Ό  Δ  O  Σ  H  X  N  H  O  Σ  S  H  L
Ί  I  T  Ά  Π  Ώ  Ό  N  O  Σ  O  K  Ό  M  A
A  I  Σ  N  M  Π  S  Λ  Έ  K  Π  Λ  H  Ξ  H
N  Q  Ω  O  D  E  H  T  E  Δ  P  O  Σ  I  Ά
N  A  U  M  U  N  Ό  N  I  P  K  A  M  H  P
E  I  Γ  Ή  N  Y  K  S  P  O  T  T  J  X  A
Γ  J  R  M  X  Σ  K  A  Π  Έ  Λ  O  T  S  X
```

ΝΟΣΟΚΌΜΑ	ΕΥΚΟΛΊΑ
ΜΠΟΥΚΆΛΙ	ΚΥΝΉΓΙ
ΑΠΌΔΟΣΗ	ΈΚΠΛΗΞΗ
ΤΕΜΠΈΛΗΣ	ΜΑΚΡΙΝΌ
ΚΑΠΈΛΟ	ΜΟΝΆΔΑ
ΓΕΝΝΑΊΑ	ΧΤΎΠΗΜΑ
ΟΣΤΏΝ	ΣΥΝΕΠΏΣ
ΔΡΟΣΙΆ	ΩΣΤΌΣΟ
ΤΡΕΛΌΣ	ΧΑΡΆ
ΆΓΓΕΛΟΣ	ΚΑΕΊ

Puzzle 15

```
Ψ  C  U  L  U  V  Σ  A  T  H  T  Ό  I  O  Π
H  G  R  C  U  J  Δ  Z  Έ  I  Ά  N  I  U  N
Λ  H  Γ  P  E  Ί  P  E  Π  U  Z  P  R  T  Ύ
Ό  O  D  Z  Φ  N  A  I  E  J  G  O  Θ  J  O
T  W  O  A  M  Έ  Ψ  U  Σ  O  Δ  Ί  E  P  P
E  H  T  O  F  D  X  R  E  G  J  N  T  O  O
P  Σ  A  T  N  Ώ  P  H  T  A  P  A  Π  P  Φ
O  A  Λ  Σ  E  Λ  Ί  Δ  A  T  B  M  H  E  O
R  Φ  Ή  A  X  Y  P  Ώ  N  A  Φ  A  K  X  Λ
C  Ό  Δ  Δ  I  Ά  Φ  O  P  E  Σ  Έ  M  Z  K
B  Π  O  M  A  Λ  Λ  I  Ώ  N  U  Y  P  S  Y
D  A  Π  K  Ή  K  I  T  Π  I  E  Λ  Λ  E  K
E  Γ  K  A  T  A  Σ  T  Ά  Θ  H  K  A  N  I
F  G  M  J  X  O  O  G  C  Q  H  Z  G  B  L
```

ΠΟΙΌΤΗΤΑΣ
ΈΠΕΣΕ
ΕΊΔΟΣ
ΜΑΛΛΙΏΝ
ΦΈΡΕΙ
ΔΙΆΦΟΡΕΣ
ΕΓΚΑΤΑΣΤΆΘΗΚΑΝ
ΨΈΜΑ
ΨΗΛΌΤΕΡΟ
ΑΠΌΦΑΣΗ

ΠΟΔΉΛΑΤΟ
ΣΤΑΦΊΔΑ
ΕΛΛΕΙΠΤΙΚΉ
ΝΑΙ
ΠΑΡΑΤΗΡΏΝΤΑΣ
ΆΡΘΡΟ
ΑΧΥΡΏΝΑ
ΣΕΛΊΔΑ
ΠΕΡΊΕΡΓΗ
ΚΥΚΛΟΦΟΡΟΎΝ

Puzzle 16

Έ	T	W	S	P	A	L	N	Q	Z	X	Θ	B	E	U
N	Q	E	T	O	Π	Ή	Δ	I	T	O	Ύ	N	L	W
O	Q	A	Ί	P	O	Γ	H	T	A	K	M	J	H	Q
X	M	F	C	N	A	Λ	E	Π	O	Ύ	A	P	B	M
O	F	J	H	O	O	A	Λ	Λ	Ύ	Φ	F	J	C	E
Σ	L	Λ	G	W	I	Y	T	E	T	Ά	P	T	H	I
J	Ό	N	I	Λ	R	I	N	A	Σ	T	A	Θ	Ή	P
Π	F	M	Θ	Σ	Y	M	Π	Έ	P	A	Σ	M	A	H
F	R	Ά	P	O	Φ	A	I	Δ	Z	C	U	J	U	N
O	M	O	I	O	K	A	T	A	Λ	H	Ξ	Ί	A	I
Σ	H	M	E	I	Ω	M	A	T	Ά	P	I	O	Z	K
N	Ύ	X	T	A	U	Δ	H	Λ	Ώ	N	O	Y	N	Ή
E	Λ	K	Y	Σ	T	I	K	Ή	K	C	R	D	R	P
A	Y	Y	I	G	K	Z	Ω	Γ	P	A	Φ	I	K	Ή

ΑΣΤΑΘΉ
ΠΌΛΗ
ΚΑΤΗΓΟΡΊΑ
ΤΕΤΆΡΤΗ
ΕΙΡΗΝΙΚΉ
ΦΎΛΛΑ
ΔΙΑΦΟΡΆ
ΟΜΟΙΟΚΑΤΑΛΗΞΊΑ
ΘΎΜΑ
ΔΗΛΏΝΟΥΝ

ΣΗΜΕΙΩΜΑΤΆΡΙΟ
ΆΘΛΙΑ
ΕΛΚΥΣΤΙΚΉ
ΖΩΓΡΑΦΙΚΉ
ΣΥΜΠΈΡΑΣΜΑ
ΑΛΕΠΟΎ
ΈΝΟΧΟΣ
ΝΎΧΤΑ
ΤΕΊΝΟΥΝ
ΟΤΙΔΉΠΟΤΕ

Puzzle 17

```
Α  V  D  O  V  Z  K  E  Π  Έ  T  E  I  O  M
K  Ά  Σ  T  A  N  A  A  U  S  O  M  T  S  Y
Γ  T  G  B  Λ  Y  P  Ί  Γ  Ά  E  Σ  B  C  Θ
E  E  D  L  U  O  Ώ  M  M  K  Ί  Ή  U  N  O
Γ  Λ  Y  J  Y  Z  B  Y  Έ  I  O  Γ  F  G  Π
O  I  K  H  E  Ί  S  Θ  Λ  T  P  Y  T  E  Λ
N  K  P  T  Y  P  N  I  I  Ω  E  Φ  P  K  A
Ό  Ά  Ί  H  G  Ω  Y  Π  Σ  I  X  A  T  Ό  Σ
Σ  E  O  B  I  N  J  E  Σ  Δ  Y  I  C  F  Ί
Δ  X  N  H  C  Γ  S  E  A  I  T  Δ  X  I  A
Φ  Ί  Λ  O  I  A  Π  O  Y  K  Ά  M  I  Σ  O
R  N  W  U  P  N  Έ  N  T  O  N  H  Q  S  K
K  W  S  P  C  A  A  Π  O  Δ  E  Ί  Ξ  E  I
H  Π  A  N  T  P  E  Y  T  E  Ί  N  T  T  V
```

ΜΈΛΙΣΣΑ	ΓΕΓΟΝΌΣ
ΔΙΑΦΥΓΉΣ	ΈΝΤΟΝΗ
ΕΠΈΤΕΙΟ	ΤΥΧΕΡΟΊ
ΙΔΙΩΤΙΚΆ	ΚΆΣΤΑΝΑ
ΠΟΥΚΆΜΙΣΟ	ΏΡΑ
ΑΝΑΓΝΩΡΊΖΟΥΝ	ΤΕΛΙΚΆ
ΕΠΙΘΥΜΊΑ	ΜΥΘΟΠΛΑΣΊΑ
ΚΑΓΚΟΥΡΌ	ΦΊΛΟΙ
ΒΟΛΤ	ΠΑΝΤΡΕΥΤΕΊ
ΔΕΊΤΕ	ΑΠΟΔΕΊΞΕΙ

Puzzle 18

```
B  E  Λ  Ό  N  A  D  Σ  A  N  M  M  E  O  K
V  Y  N  G  O  Ή  J  B  T  M  O  Y  W  T
O  Π  Ω  P  Θ  N  Ά  N  O  I  X  P  K  T  Z
T  H  Y  T  A  I  E  Σ  Ή  T  A  M  A  T  Σ
X  J  B  Φ  N  K  E  H  S  N  B  P  E  Σ  E
P  C  A  T  Ί  K  P  Σ  Ό  Y  V  C  Π  T  Γ
H  I  M  W  Z  Ό  H  Ύ  Ί  K  A  I  I  Ά  Γ
Δ  C  Ώ  V  Y  K  P  A  V  Θ  O  T  K  Θ  P
W  F  P  R  O  T  Y  P  F  S  A  E  Ί  H  A
H  G  X  O  K  T  H  Θ  B  T  F  K  N  K  Φ
E  N  Δ  I  A  Φ  Έ  P  O  Y  Σ  A  Δ  E  Ή
Π  H  Γ  A  Ί  N  E  I  X  Ά  Π  I  Y  L  Σ
Q  K  A  T  A  Σ  K  E  Y  Ή  Y  H  N  H  E
A  Γ  Γ  O  Ύ  P  I  Γ  Λ  Y  K  Ό  O  N  S
```

ΕΓΓΡΑΦΉΣ
ΚΌΚΚΙΝΟ
ΚΑΤΑΣΚΕΥΉ
ΠΗΓΑΊΝΕΙ
ΕΠΙΚΊΝΔΥΝΟ
ΔΙΑΦΑΝΉΣ
ΧΡΏΜΑ
ΧΙΟΝΆΝΘΡΩΠΟ
ΑΓΓΟΎΡΙ
ΚΑΙ

ΘΡΑΎΣΗΣ
ΓΛΥΚΌ
ΣΤΑΜΑΤΉΣΕΙ
ΚΟΥΖΊΝΑ
ΣΤΆΘΗΚΕ
ΚΑΘΊΣΕΙ
ΧΆΠΙ
ΟΥΡΑΝΌ
ΕΝΔΙΑΦΈΡΟΥΣΑ
ΒΕΛΌΝΑ

Puzzle 19

```
T  E  G  C  Z  B  M  Π  A  Π  Π  O  Ύ  Σ  Σ
Θ  Έ  A  Y  S  P  A  Π  Ά  Ή  X  N  J  P  Y
H  A  P  P  S  A  X  Z  I  Ω  G  S  L  B  M
Σ  P  Z  A  B  X  K  O  Λ  Z  D  Z  T  F  M
A  K  I  E  Σ  Ί  X  P  A  B  Έ  O  D  B  E
Y  E  E  Y  Ί  O  K  C  Π  F  Y  Λ  W  E  T
P  T  N  Π  P  N  E  Π  Ί  E  Z  B  I  Σ  Έ
Ό  Έ  Ί  O  Ω  A  I  Ά  Λ  M  A  R  H  O  X
V  Σ  E  B  X  R  M  A  J  E  X  T  N  Ψ  Ω
M  P  T  Ά  D  M  Έ  D  Y  F  Ό  L  X  Ύ  N
L  D  K  Λ  V  N  N  V  B  Π  F  N  Ά  Y  I
K  I  E  E  N  K  O  U  Π  A  V  G  P  R  T
G  H  Π  I  A  B  Y  I  K  F  N  D  A  B  O
L  E  E  T  A  X  Y  Δ  P  Ό  M  O  Σ  V  R
```

ΠΑΠΠΟΎΣ
ΑΡΧΊΣΕΙ
ΠΑΛΙΆ
ΜΠΙΖΈΛΙ
ΒΡΑΧΊΟΝΑ
ΑΡΆΧΝΗ
ΣΥΜΜΕΤΈΧΩΝ
ΖΩΉ
ΚΕΙΜΈΝΟΥ
ΑΡΚΕΤΈΣ

ΕΠΕΚΤΕΊΝΕΙ
ΕΊΠΕ
ΆΛΜΑ
ΤΑΧΥΔΡΌΜΟΣ
ΧΩΡΊΣ
ΤΈΡΑΣ
ΘΗΣΑΥΡΌ
ΙΠΠΌΤΗΣ
ΎΨΟΣ
ΥΠΟΒΆΛΕΙ

Puzzle 20

```
S  F  E  Ή  Υ  Π  Α  Λ  Τ  Ό  Π  Τ  U  Έ  J
X  U  Γ  Ι  Κ  Β  Ε  Υ  Β  Π  Ό  P  S  X  L
G  H  O  V  Δ  Z  V  Β  Α  Α  Ρ  Έ  X  O  I
Π  S  I  W  Z  I  F  Α  Δ  Ρ  Ω  N  C  Y  Y
Ά  Δ  E  I  Α  Α  Κ  Ι  X  Α  N  O  H  N  Y
N  V  Α  Α  V  X  Ά  Ό  X  Γ  Γ  Ρ  Ρ  Κ  M
Δ  I  E  Ύ  Θ  Υ  N  Σ  H  Ω  X  U  E  O  E
O  Υ  Σ  Ί  Α  D  Y  Z  T  Γ  Ά  T  T  Α  N
N  Z  E  Ί  U  O  X  Έ  Ή  Λ  Ρ  Ό  Ί  E
F  L  Λ  M  Λ  Υ  Β  Ρ  Γ  Σ  Α  Κ  Ρ  M  Ρ
X  C  Ά  Α  I  Α  Κ  N  H  T  Κ  I  I  Α  Γ
Α  Α  Γ  Υ  M  U  G  C  Έ  Α  D  C  E  T  Ό
Y  Κ  E  Β  O  Κ  X  T  D  J  Κ  Β  X  O  I
D  Β  M  T  Ρ  Ά  Β  H  Ξ  E  I  J  N  Σ  C
```

МЕГΆΛΕΣ   ΟΥΣΊΑ
ΠΑΛΤΌ   ΧΕΙΡΌΤΕΡΗ
ΔΙΕΎΘΥΝΣΗ   ΤΡΈΝΟ
ΗΓΈΤΗ   ΤΈΤΑΡΤΟ
ΠΑΡΑΓΩΓΉΣ   ΆΔΕΙΑ
ΑΊΜΑΤΟΣ   ΈΧΟΥΝ
ΕΝΕΡΓΌ   ΠΌΡΩΝ
ΒΟΥΝΆ   ΠΗΓΉ
ΕΙΔΙΚΌ   ΤΡΆΒΗΞΕ
ΟΜΙΛΊΑ   ΚΑΛΆ

Puzzle 21

Ε	Κ	Δ	V	E	T	E	Σ	Ύ	O	Κ	A	Υ	N	X
Υ	A	Υ	I	S	U	G	S	Π	Φ	Υ	Σ	I	Κ	Ή
T	T	Π	Κ	A	E	Ί	Δ	E	Ά	Ύ	B	Q	N	E
Υ	A	O	P	Γ	Φ	P	W	S	Γ	Σ	W	N	T	Κ
X	Σ	Λ	Ά	Ύ	S	O	Υ	Κ	X	H	E	P	O	Κ
Ή	T	O	T	P	E	I	P	U	Κ	Q	G	I	M	Έ
Σ	P	Γ	O	Ω	C	O	C	E	J	J	Z	U	Ά	N
W	O	I	Σ	M	Υ	L	D	U	T	W	X	D	T	Ω
Κ	Φ	Σ	H	Σ	H	P	Ί	E	X	I	Π	E	A	Σ
T	Ή	M	H	Σ	T	O	M	Ά	X	I	Κ	G	X	H
O	Υ	Ό	A	Γ	N	O	Ή	Σ	E	I	F	Ά	P	Σ
A	N	T	I	Κ	E	Ί	M	E	N	O	J	L	Υ	D
Δ	I	A	Σ	Κ	Έ	Δ	A	Σ	H	H	T	D	Σ	B
Σ	Υ	N	Έ	Λ	E	Υ	Σ	H	P	R	N	E	Ό	C

ΧΡΥΣΌ
ΔΙΑΣΚΈΔΑΣΗ
ΓΎΡΩ
ΣΠΆΣΕΙ
ΑΚΟΎΣΕΤΕ
ΚΑΤΑΣΤΡΟΦΉ
ΝΤΟΜΆΤΑ
ΣΎΓΚΡΟΥΣΗ
ΦΥΣΙΚΉ
ΣΥΝΈΛΕΥΣΗ

ΑΝΤΙΚΕΊΜΕΝΟ
ΕΊΔΕ
ΕΥΤΥΧΉΣ
ΕΠΙΧΕΊΡΗΣΗΣ
ΔΙΑΦΟΡΕΤΙΚΆ
ΑΓΝΟΉΣΕΙ
ΣΤΟΜΆΧΙ
ΥΠΟΛΟΓΙΣΜΌ
ΕΚΚΈΝΩΣΗΣ
ΚΡΆΤΟΣ

Puzzle 22

U	M	K	A	T	A	Σ	K	E	Ύ	A	Σ	M	A	Π
S	K	Ά	V	O	Q	H	P	C	O	Ό	X	Q	Q	A
N	I	K	Γ	Ή	M	P	Y	M	N	P	Q	I	Ό	I
M	Έ	Σ	A	I	W	D	X	G	Π	I	U	Δ	M	Δ
Σ	B	Ή	L	E	Σ	T	I	V	A	O	F	Ί	Θ	Ί
Y	Y	Π	Π	B	C	Σ	I	J	K	N	K	Ξ	I	V
Γ	Θ	M	Π	T	T	O	A	P	Ή	T	Σ	A	P	B
K	I	O	P	M	Ώ	N	R	X	N	R	Ά	T	A	Σ
P	Σ	Π	Ά	N	B	Σ	X	R	N	W	Π	F	X	H
Ί	T	K	Γ	Σ	R	Λ	H	L	M	J	M	O	O	M
N	E	E	M	A	P	A	Ύ	K	O	N	A	Q	N	Ά
E	Ί	O	A	Ύ	Z	F	P	K	N	H	Π	U	X	N
T	Y	D	T	P	J	M	Z	T	O	T	M	C	Y	E
E	D	W	A	A	Q	I	I	W	E	Σ	R	Y	A	I

ΑΡΙΘΜΌ
ΚΑΤΑΣΚΕΎΑΣΜΑ
ΠΑΙΔΊ
ΠΤΏΣΗ
ΣΥΓΚΡΊΝΕΤΕ
ΒΡΑΣΤΉΡΑ
ΒΥΘΙΣΤΕΊ
ΛΎΚΟΣ
ΣΤΗΝ
ΜΠΑΜΠΆΣ

ΌΡΙΟ
ΜΆΓΙΣΣΑ
ΠΡΆΓΜΑΤΑ
ΕΚΠΟΜΠΉΣ
ΚΑΠΝΟΎ
ΣΑΎΡΑ
ΤΑΞΊΔΙ
ΜΥΡΜΉΓΚΙ
ΣΗΜΆΝΕΙ
ΜΈΣΑ

Puzzle 23

```
Α  Κ  Ο  Λ  Ο  Υ  Θ  Ο  Ύ  Ν  Κ  Η  C  M  J
Μ  Χ  Κ  Ο  Υ  Ν  Ο  Υ  Π  Ί  Δ  Ι  R  Z  K
Ό  Κ  Χ  Ν  Δ  L  J  L  O  S  G  G  V  F  Z
Κ  Β  Ι  Ν  Ι  Ε  Β  Ά  Λ  Α  Ν  Α  Υ  Γ  Ό
Α  Λ  Ά  Γ  Ε  Μ  Ρ  Υ  Ύ  Z  Ω  Π  Α  Π  L
Β  Γ  Ό  Ο  Υ  Ο  Ν  Έ  Μ  Ι  Ε  Κ  Ο  Ρ  Π
Α  Ρ  Σ  Ρ  Θ  Q  L  R  T  N  N  D  C  Ό  Z
Σ  Ή  Φ  Υ  Υ  Q  J  Δ  Θ  Έ  Ι  F  Ι  Κ  Ν
Ί  Γ  Ρ  R  N  V  Ι  Υ  R  Χ  Λ  D  Ι  Λ  C
Λ  Ο  Η  R  T  Κ  Μ  U  J  Z  Ρ  Ο  Χ  Η  L
Ι  Ρ  Σ  Υ  Ή  Ί  Β  Z  Z  W  Ι  W  Σ  Σ  Z
Σ  Ο  Η  Η  Σ  Η  Ί  Ο  Π  Ο  Λ  Π  Α  Η  S
Σ  Υ  Ρ  Ω  D  Η  Ε  Ν  Τ  Α  Χ  Θ  Ο  Ύ  Ν
Α  Ί  Σ  Α  Ρ  Γ  Υ  Κ  Υ  Ρ  Ί  Α  Ρ  Χ  Η
```

ΑΠΛΟΠΟΊΗΣΗ	ΤΈΛΟΣ
ΔΙΕΥΘΥΝΤΉΣ	ΓΡΉΓΟΡΟ
ΑΚΌΜΑ	ΠΡΌΚΛΗΣΗ
ΑΥΓΌ	ΑΝΑΛΆΒΕΙ
ΜΎΛΟ	ΌΣΦΡΗΣΗ
ΚΥΡΊΑΡΧΗ	ΥΠΕΝΘΥΜΊΣΩ
ΜΕΓΆΛΑ	ΕΝΤΑΧΘΟΎΝ
ΔΙΚΉ	ΑΚΟΛΟΥΘΟΎΝ
ΚΟΥΝΟΥΠΊΔΙ	ΥΓΡΑΣΊΑ
ΠΡΟΚΕΙΜΈΝΟΥ	ΒΑΣΊΛΙΣΣΑ

Puzzle 24

```
Ά  Ν  Θ  Ρ  Α  Κ  Α  Α  D  Σ  O  L  F  I  V
Ε  Π  Ί  Π  Ε  Δ  Ο  Ζ  Έ  F  U  F  U  B  Y
Ά  I  Δ  I  Α  Π  Ό  Κ  I  Τ  Ε  Θ  B  A  N
I  D  E  Z  H  C  I  Κ  Ά  Ζ  Τ  Q  H  A  V
Ε  Ο  Ά  Κ  I  Τ  Α  Μ  Γ  Α  Ρ  Π  H  F  S
Λ  B  N  N  Y  Ο  Κ  Ή  N  Α  Τ  H  S  C  N
Y  Y  Δ  Ε  Τ  Ρ  Ο  Π  Ο  Π  Ο  Ί  H  Σ  H
Ο  Ά  Ρ  Ο  Φ  Σ  Υ  Μ  Φ  Ω  N  Ή  Σ  E  I
Δ  Ο  Q  Q  Μ  Π  Ε  Ρ  Α  I  Τ  Έ  Ρ  Ω  Ή
Χ  Υ  H  Λ  Λ  Ά  Z  Τ  D  H  Y  Ε  Ο  I  Χ
I  Ν  Τ  Σ  Ώ  Ν  Δ  S  Ο  L  Σ  Ε  Z  W  O
D  B  O  O  C  Z  I  Α  Α  Ω  D  A  P  I  Y
Π  Ρ  Ο  Ϊ  Ό  Ν  Τ  Α  Δ  G  X  B  C  G  C
I  M  F  A  N  Y  J  Έ  I  L  M  V  S  T  O
```

XOPEYTIKΈΣ
ΆΝΘΡΑΚΑ
ΤΡΟΠΟΠΟΊΗΣΗ
ΠΡΟΪΌΝΤΑ
ΠΑΙΔΙΆ
ΈΔΩΣΕ
ΕΒΔΟΜΆΔΑ
ΒΑΝ
ΠΡΑΓΜΑΤΙΚΆ
ΔΟΥΛΕΙΆ

ΙΝΤΣΏΝ
ΠΕΡΑΙΤΈΡΩ
ΦΟΡΆ
ΤΖΆΚΙ
ΣΥΜΦΩΝΉΣΕΙ
ΆΛΛΗ
ΘΕΤΙΚΌ
ΉΧΟΥ
ΕΠΊΠΕΔΟ
ΑΝΉΚΟΥΝ

Puzzle 25

```
I  J  X  R  A  T  Έ  Λ  K  I  Σ  O  T  O  M
M  X  Y  M  Φ  P  N  N  E  G  T  L  M  W  C
B  S  Έ  P  P  Y  Z  Ή  T  H  Σ  E  P  V  C
Ό  P  N  X  O  I  I  T  Ί  Π  Σ  G  Y  Q  D
K  S  Ώ  I  M  R  M  A  E  B  K  H  X  S  Σ
I  E  O  Θ  Ό  S  T  F  Π  T  N  Q  E  U  E
P  Q  Q  D  H  O  I  Δ  Ί  N  I  T  K  A  I
T  V  M  N  T  Σ  T  E  P  Ά  Σ  T  I  O  P
N  G  K  A  O  Λ  H  Λ  Ά  T  A  K  A  Ά
E  T  P  D  Σ  Y  Z  H  T  Ή  Σ  O  Y  N  R
K  Ό  Π  E  P  I  Γ  P  Ά  Ψ  E  I  A  Y  K
A  U  X  B  Y  L  V  Π  Ή  P  E  R  T  V  X
A  P  K  E  Ί  Φ  A  I  N  Ό  T  A  N  T  A
P  Y  T  Ί  Δ  Ω  N  Δ  E  I  Λ  Ό  Σ  D  J
```

ΣΕΙΡΆ
ΦΑΙΝΌΤΑΝ
ΠΕΡΙΓΡΆΨΕΙ
ΣΠΊΤΙ
ΑΡΚΕΊ
ΑΚΤΙΝΊΔΙΟ
ΣΥΖΗΤΉΣΟΥΝ
ΖΉΤΗΣΕ
ΌΜΟΡΦΑ
ΔΕΙΛΌΣ

ΜΟΤΟΣΙΚΛΈΤΑ
ΚΡΈΜΑ
ΑΌΡΑΤΟ
ΤΕΡΆΣΤΙΟ
ΠΉΡΕ
ΏΘΗΣΗ
ΡΥΤΊΔΩΝ
ΚΕΝΤΡΙΚΌ
ΠΕΊΤΕ
ΑΚΑΤΆΛΛΗΛΟ

Puzzle 26

```
Λ  Ο  Υ  Λ  Ο  Ύ  Δ  Ι  Δ  Ο  Τ  D  Ά  Χ  Κ
Β  U  D  W  J  D  J  Τ  S  Ι  U  W  Κ  Τ  Ο
Σ  Υ  Μ  Β  Ά  Λ  Λ  Ο  Υ  Ν  Π  Ν  Ρ  Έ  U
Κ  Ό  Λ  Λ  Α  Ι  Κ  Υ  Β  Τ  Α  Λ  Η  Ν  Υ
Κ  F  C  Ν  J  Ο  Ι  Q  Υ  Ί  W  Ε  Ή  Α  Ζ
Ά  Ν  S  U  Q  S  R  Τ  Φ  Ι  Β  Ύ  Τ  Σ  Μ
Ρ  Β  V  W  Ζ  Ά  Τ  Α  Ν  Υ  Δ  Θ  Q  Ί  Χ
Δ  Ο  Υ  C  Σ  Ό  Ρ  Χ  Υ  Ψ  C  Υ  W  Μ  Ε
Α  Σ  Ή  Ν  Ε  Γ  Α  Ζ  F  Σ  Ο  Μ  Ε  Ν  Ά
Μ  F  Η  Ξ  Ω  Ί  Δ  Α  Τ  Α  Κ  Ο  Ζ  G  Τ
Ο  Ι  Α  Ε  Ε  Π  Ι  Κ  Ο  Ι  Ν  Ω  Ν  Ί  Α
Μ  Κ  Γ  Χ  Τ  G  Ε  Κ  Έ  Ρ  Δ  Ο  Σ  Τ  W
Ρ  Υ  Θ  Μ  Ί  Σ  Ε  Τ  Ε  Έ  Ξ  Υ  Π  Ν  Ο
Κ  Α  Τ  Α  Λ  Α  Μ  Β  Ά  Ν  Ο  Υ  Ν  Β  R
```

ΔΙΠΛΉΣ	ΨΥΧΡΌΣ
ΛΟΥΛΟΎΔΙ	ΣΥΜΒΆΛΛΟΥΝ
ΈΞΥΠΝΟ	ΔΥΝΑΤΆ
ΚΆΡΔΑΜΟ	ΡΥΘΜΊΣΕΤΕ
ΕΎΘΥΜΟ	ΕΊΤΕ
ΚΈΡΔΟΣ	ΚΑΤΑΔΊΩΞΗ
ΕΠΙΚΟΙΝΩΝΊΑ	ΆΚΡΗ
ΓΕΩΓΡΑΦΊΑ	ΚΌΛΛΑ
ΆΝΕΜΟΣ	ΚΑΤΑΛΑΜΒΆΝΟΥΝ
ΧΤΈΝΑ	ΑΓΕΝΉΣ

Puzzle 27

```
Δ  Z  Δ  R  Ό  N  M  I  Q  C  Σ  Ή  Z  X  M
I  Y  Έ  C  Ρ  Γ  N  X  Z  E  K  O  E  Y  I
O  N  Σ  R  A  F  H  A  Σ  I  K  Ά  Π  A  Π
Ί  Y  M  W  Θ  K  A  T  N  V  U  C  A  V  I
K  O  E  P  A  C  N  A  P  M  A  Ϊ  M  O  Ύ
H  Σ  Y  Q  K  Ί  K  M  O  O  N  Σ  Ύ  I  Σ
Σ  Ή  Σ  X  V  I  Ό  Ή  O  H  Φ  K  A  N  Ή
H  T  H  O  P  N  P  K  M  T  N  O  Θ  Ά  K
Y  A  N  E  B  W  Y  O  E  T  Q  Ύ  A  Π  I
I  Π  M  T  L  Z  X  Σ  V  C  L  T  M  Σ  Λ
V  A  A  D  T  Έ  Σ  Σ  E  P  A  E  P  X  O
W  Ξ  T  A  Π  E  I  N  Ή  L  Z  P  J  B  N
S  E  A  Π  O  Φ  Ά  Σ  E  Ω  N  P  Q  U  Y
Φ  T  Ώ  X  E  I  A  E  S  B  Ά  P  O  Y  Σ
```

ΤΑΠΕΙΝΉ
ΠΑΠΆΚΙ
ΤΈΣΣΕΡΑ
ΜΉΚΟΣ
ΔΈΣΜΕΥΣΗ
ΣΠΆΝΙΟ
ΑΠΟΦΆΣΕΩΝ
ΘΑΎΜΑ
ΣΚΟΎΤΕΡ
ΚΑΘΑΡΌ

ΙΣΧΥΡΌ
ΣΥΝΟΛΙΚΉΣ
ΒΆΡΟΥΣ
ΜΑΪΜΟΎ
ΑΜΕΡΙΚΑΝΙΚΉ
ΕΞΑΠΑΤΗΣΟΥΝ
ΔΙΟΊΚΗΣΗ
ΦΟΡΤΗΓΌ
ΊΝΤΣΕΣ
ΦΤΩΧΕΙΑ

Puzzle 28

```
Π  Ο  Υ  Ρ  Ν  Ά  Ρ  Ι  Α  Ρ  Έ  Τ  Η  Μ  Υ
Ό  Φ  Ι  Λ  Ο  Δ  Ο  Ξ  Ί  Α  F  J  L  Β  Π
V  Λ  Α  Π  Ο  Ρ  Ρ  Ο  Φ  Ή  Σ  Ε  Ι  Ν  Ο
Γ  Β  Η  Ν  Χ  Ι  V  Α  Ο  Α  Τ  Τ  F  Α  Σ
Μ  Ρ  D  C  Δ  Ε  Ο  Δ  Ν  Ύ  Ο  Λ  Ι  Μ  Τ
S  S  Ά  Ά  Ι  Η  Β  Ί  Ω  Τ  Ά  Κ  C  Α  Η
Μ  Χ  Π  Φ  Κ  Ο  Υ  Ρ  Τ  Ί  Ν  Α  Σ  Λ  Ρ
Ή  Ο  J  F  Η  Q  Ε  Ε  Ά  Κ  Ι  Β  Μ  Η  Ί
Κ  C  Ε  Χ  Λ  Μ  Υ  Τ  Μ  Ρ  Ρ  Ρ  Α  Θ  Ζ
Ι  Μ  Α  Ύ  Ρ  Η  Α  Χ  Υ  Α  Ρ  Ώ  J  Έ  Ο
Χ  Υ  U  J  Χ  Υ  L  Υ  Ε  Σ  Κ  Σ  U  Σ  Υ
Υ  Μ  V  Κ  Μ  R  D  Ν  Ι  Ί  U  Ι  Τ  Κ  Ν
Ψ  Ρ  Q  Ο  Ρ  Ε  Τ  Ύ  Λ  Α  Κ  Μ  Ο  Ρ  Υ
Σ  Υ  Μ  Π  Ό  Ν  Ι  Α  Α  W  L  Α  G  D  W
```

ΚΑΛΎΤΕΡΟ	ΝΥΧΤΕΡΊΔΑ
ΨΥΧΙΚΉ	ΠΟΥΡΝΆΡΙΑ
ΜΑΎΡΗ	ΌΛΗ
ΜΗΤΈΡΑ	ΥΠΟΣΤΗΡΊΖΟΥΝ
ΚΟΥΡΤΙΝΑΣ	ΦΙΛΟΔΟΞΊΑ
ΣΥΜΠΌΝΙΑ	ΑΛΙΕΥΜΆΤΩΝ
ΚΟΠΆΔΙ	ΒΡΏΣΙΜΑ
ΓΡΆΦΗΜΑ	ΚΆΤΩ
ΑΛΗΘΈΣ	ΚΡΑΣΊ
ΜΙΛΟΎΝ	ΑΠΟΡΡΟΦΉΣΕΙ

Puzzle 29

```
U  X  A  Π  E  P  Ί  Φ  P  A  Ξ  H  N  Θ  Δ
Ό  W  I  T  Ά  B  E  P  K  C  B  Ό  E  E  I
Π  H  Λ  Ί  K  O  D  O  Z  Y  I  Σ  Q  P  A
O  T  Ό  U  B  I  I  O  Z  Σ  O  K  V  M  T
K  P  Σ  P  Q  Λ  E  P  I  M  T  I  L  O  A
Σ  Ά  A  Q  T  Έ  S  T  Ί  P  G  Ά  G  K  P
B  X  Φ  W  L  Γ  N  Έ  Ή  T  D  Y  I  P  A
Z  A  G  O  D  O  U  K  Γ  M  K  K  Z  A  X
I  Σ  X  Ύ  O  Y  N  T  Ω  U  Ά  N  X  Σ  Ή
T  P  A  Γ  I  K  Ό  H  Γ  K  T  Y  J  Ί  Z
E  N  H  Λ  Ί  K  Ω  N  A  R  U  O  F  A  H
X  B  P  L  G  I  I  Σ  Σ  O  W  I  X  Σ  C
F  R  Έ  D  O  Z  I  H  I  M  W  R  M  Z  Y
T  A  M  U  G  H  O  H  E  K  H  Θ  Έ  P  B
```

ΕΙΣΑΓΩΓΉ	ΠΗΛΊΚΟ
ΓΈΛΙΟ	ΧΆΡΤΗ
ΣΑΚΆΚΙ	ΙΣΧΎΟΥΝ
ΤΡΑΓΙΚΌ	ΒΡΈΘΗΚΕ
ΣΚΙΆ	ΣΚΟΠΌ
ΈΚΤΗ	ΔΙΑΤΑΡΑΧΉ
ΕΝΗΛΊΚΩΝ	ΦΑΣΌΛΙΑ
ΚΤΊΡΙΟ	ΜΈΡΗ
ΘΕΡΜΟΚΡΑΣΊΑΣ	ΚΡΕΒΆΤΙ
ΟΝΤΙΣΙΌΝ	ΠΕΡΊΦΡΑΞΗ

Puzzle 30

```
B  U  J  B  Y  O  Ύ  T  K  I  Δ  W  W  H  U
J  G  F  L  Ή  E  G  A  I  Ή  N  B  Σ  B  L
E  I  D  W  V  M  I  Σ  T  Έ  Π  E  H  F  N
T  P  H  H  O  O  A  G  H  M  Θ  O  A  P  A
O  I  Π  Ά  Σ  V  T  R  U  K  N  C  F  F  W
Π  P  Y  Z  X  O  N  N  Έ  M  E  Ί  Γ  M  A
I  I  T  Ά  M  M  O  K  T  Σ  Ά  I  M  A  X
K  O  E  K  E  Z  X  K  A  P  Π  O  Ύ  Z  I
Ό  B  Ί  Y  Q  J  Έ  A  N  A  Ψ  Y  X  Ή  Σ
E  B  Σ  Λ  Z  R  Δ  Σ  Y  Γ  X  Έ  O  Y  N
X  X  O  Γ  Y  I  A  T  E  Θ  Ί  T  O  Π  Y
N  H  Δ  Y  B  G  P  M  Y  Σ  T  Ή  P  I  A
T  K  O  V  A  Q  A  P  Π  P  O  Σ  O  X  Ή
K  P  O  Q  J  T  Π  Δ  Ώ  Δ  E  K  A  A  B
```

ΔΙΚΤΎΟΥ	ΣΆΠΙΟ
ΤΟΠΙΚΌ	ΜΕΊΓΜΑ
ΣΥΓΧΈΟΥΝ	ΈΚΘΕΣΗ
ΠΡΟΣΟΧΉ	ΥΠΟΤΊΘΕΤΑΙ
ΒΉΜΑ	ΓΛΥΚΆ
ΑΝΑΨΥΧΉΣ	ΤΣΆΙ
ΚΟΜΜΆΤΙ	ΠΑΡΑΔΈΧΟΝΤΑΙ
ΈΤΣΙ	ΜΥΣΤΉΡΙΑ
ΔΏΔΕΚΑ	ΚΑΡΠΟΎΖΙ
ΕΊΣΟΔΟ	ΚΉΠΟ

Puzzle 31

```
F  L  F  G  J  M  A  P  T  M  A  Σ  U  U  L
Π  A  Ύ  Σ  H  O  M  I  T  Σ  Ό  P  Π  B  I
O  S  E  L  Y  Λ  Y  Π  O  Φ  Έ  P  O  Y  N
J  D  M  V  M  Ύ  U  V  Y  A  O  H  A  A  A
N  S  Q  B  Q  B  C  Y  U  M  Σ  A  Θ  Σ  Π
H  P  P  W  B  I  M  J  Ά  H  P  Π  Λ  T  O
Π  P  O  Ϊ  Ό  N  G  Δ  K  T  K  Ό  H  Y  Φ
J  L  M  Π  R  H  A  Σ  I  K  A  Γ  T  N  A
N  W  V  T  Έ  Σ  Ά  G  Λ  Ό  O  E  I  O  Σ
A  N  T  Ί  O  Σ  Z  D  Γ  P  J  Y  Σ  M  Ί
M  S  N  T  Ώ  Δ  E  T  Γ  Γ  D  M  M  Ί  Σ
I  C  N  H  C  P  O  I  A  A  X  A  Ό  A  E
A  N  T  I  Σ  T  A  Θ  M  Ί  Σ  E  I  Σ  I
Σ  O  Y  H  Δ  Ό  Σ  W  U  W  P  C  K  K  L
```

ΑΘΛΗΤΙΣΜΌ
ΑΓΡΌΚΤΗΜΑ
ΜΟΛΎΒΙ
ΠΑΎΣΗ
ΠΈΣΕΙ
ΑΝΤΙΣΤΑΘΜΊΣΕΙ
ΑΝΤΊΟ
ΑΓΓΛΙΚΆ
ΕΔΏ
ΟΜΆΔΑΣ

ΜΑΣ
ΑΣΤΥΝΟΜΊΑΣ
ΥΠΟΦΈΡΟΥΝ
ΆΣΚΗΣΗ
ΠΡΟΪΌΝ
ΑΠΌΓΕΥΜΑ
ΤΡΑΜ
ΣΟΥΗΔΌΣ
ΑΠΟΦΑΣΊΣΕΙ
ΠΡΌΣΤΙΜΟ

Puzzle 32

```
Π  Υ  J  F  Q  K  L  E  J  Υ  N  X  T  Ψ  A
A  Π  O  Q  D  F  M  Υ  F  Z  S  M  M  H  N
P  Ό  I  T  Ά  M  L  T  Υ  O  Σ  A  Ή  Φ  A
T  Λ  Σ  A  Q  S  G  Υ  Γ  Q  E  H  M  O  K
Ί  O  Ί  P  I  H  U  X  U  E  Ψ  T  A  Φ  Ά
Δ  I  K  Ά  O  T  D  Ώ  C  Υ  I  R  T  O  Λ
A  Π  I  K  G  N  N  Σ  Λ  K  X  A  O  P  Υ
C  H  Σ  E  O  F  X  Ά  L  U  A  Υ  Σ  Ί  Ψ
H  U  T  Δ  Q  N  K  J  Γ  D  Z  M  O  A  H
E  Ξ  A  I  P  E  T  I  K  Ή  M  P  C  O  L
D  Q  K  K  O  I  N  Ό  T  H  T  A  P  F  Z
Π  P  Ό  Γ  P  A  M  M  A  A  Λ  E  Ύ  P  I
M  A  P  Γ  A  P  Ί  T  A  Ί  Λ  A  P  A  Π
O  Δ  O  N  T  Ό  K  P  E  M  A  U  N  M  Υ
```

ΚΑΤΣΙΚΊΣΙΟ	ΔΕΚΆΡΑ
ΠΡΌΓΡΑΜΜΑ	ΓΆΝΤΙΑ
ΥΠΌΛΟΙΠΗ	ΚΟΙΝΌΤΗΤΑ
ΣΟΥΤ	ΜΆΤΙ
ΨΗΦΟΦΟΡΊΑ	ΓΕΙΑ
ΠΑΡΤΊΔΑ	ΚΆΛΥΨΗ
ΤΜΉΜΑΤΟΣ	ΜΑΡΓΑΡΊΤΑ
ΕΞΑΙΡΕΤΙΚΉ	ΑΛΕΎΡΙ
ΟΔΟΝΤΌΚΡΕΜΑ	ΠΑΡΑΛΊΑ
ΕΥΤΥΧΏΣ	ΑΝΑΚΆΛΥΨΗ

Puzzle 33

```
H  I  I  Σ  O  K  Ί  E  W  M  L  T  I  U  Π
T  T  Ό  N  W  I  Q  Ύ  F  P  E  Ψ  K  V  E
X  Q  K  H  K  Έ  S  M  O  B  A  H  E  V  T
H  Ί  I  Ί  S  K  U  M  K  M  I  Λ  Ί  M  P
Λ  X  T  W  E  Έ  N  T  E  K  A  Ό  D  S  E
B  P  N  R  V  Δ  M  D  D  P  Σ  T  W  M  Λ
B  Ώ  A  M  H  P  Ύ  E  W  I  Σ  G  O  Y  A
W  M  M  K  O  Ύ  K  Λ  A  I  A  B  V  Π  Ί
Z  A  H  E  Y  Θ  Ύ  N  H  Y  Λ  Δ  Ύ  O  O
T  T  Σ  T  H  W  H  Q  L  P  Ά  Z  G  L  Y
U  A  M  Ύ  E  G  C  W  C  S  Θ  A  K  M  D
U  Σ  K  H  N  Ή  Π  O  P  T  O  K  A  Λ  Ί
V  Z  Z  E  Π  E  P  Ί  M  E  T  P  O  V  O
J  W  L  L  O  X  E  Z  H  K  Y  E  N  S  A
```

ΕΎΡΗΜΑ
ΣΗΜΑΝΤΙΚΌ
ΧΡΏΜΑΤΑ
ΓΕΎΜΑ
ΕΊΚΟΣΙ
ΣΚΗΝΉ
ΠΕΤΡΕΛΑΊΟΥ
ΔΎΟ
ΨΗΛΌ
ΠΕΡΊΜΕΤΡΟ

ΕΥΘΎΝΗ
ΚΟΎΚΛΑ
ΘΆΛΑΣΣΑ
ΠΟΤΑΜΟΎ
ΈΝΤΕΚΑ
ΠΟΡΤΟΚΑΛΊ
ΜΊΛΙ
ΔΕΊΚΤΗ
ΚΈΙΚ
ΛΊΚΝΟ

Puzzle 34

```
Κ Η W Υ Ι Ε Σ Ά Ρ Ο Γ Α Ή Σ Π
Ά W W Ι Π Ρ Κ C F Κ Κ Κ Κ Ο Ι
Μ G R E T O Ν Κ Υ R Ι Κ Ό Φ Α
Ε Γ Ή Π Κ F Λ Α Λ Μ Η Υ Σ Ή Ν
Ρ Q U T Σ Ρ Μ Ο Ο Η G Η Τ G Ί
Α Ρ Κ Η Q G Ο Ν Γ Σ L Ο Α Σ
Δ Ι Α Θ Έ Τ Ο Υ Ν Ι W Ί Σ Ί Τ
Π Ε Ί Ρ Α Μ Α F S Β Σ Τ Α Τ Α
Π Ή Δ Η Ξ Ε Ξ Ι Ε Δ Έ Τ U Η Σ
Α Ν Α Κ Α Τ Έ Ψ Τ Ε S F Ή Μ Ε
Β Α Θ Μ Ο Λ Ο Γ Ί Α Λ Έ Ν Α Κ
Ε Κ Τ Ε Λ Ε Σ Τ Ι Κ Ό J Β W Α
Κ Α Τ Α Σ Τ Ρ Έ Ψ Ε Ι Ρ U Ζ Χ
Υ Π Ν Ο Δ Ω Μ Ά Τ Ι Ο F Β Ο Χ
```

ΠΕΊΡΑΜΑ	ΠΙΑΝΊΣΤΑΣ
ΔΙΑΘΈΤΟΥΝ	ΑΊΤΗΜΑ
ΚΆΜΕΡΑ	ΈΔΕΙΞΕ
ΒΑΘΜΟΛΟΓΊΑ	ΚΑΤΑΣΤΡΈΨΕΙ
ΕΚΚΛΗΣΊΑ	ΠΉΓΕ
ΕΚΤΕΛΕΣΤΙΚΌ	ΑΓΟΡΆΣΕΙ
ΚΌΣΤΟΣ	ΑΝΑΚΑΤΈΨΤΕ
ΣΟΦΉ	ΠΉΔΗΞΕ
ΝΟΜΙΚΉ	ΚΑΝΈΛΑ
ΥΠΝΟΔΩΜΆΤΙΟ	ΥΠΟΛΟΓΙΣΤΉ

Puzzle 35

```
H  T  H  J  U  I  Ω  U  A  C  V  E  K  R  V
N  L  Σ  E  Δ  Ά  I  Λ  I  X  Z  T  Q  K  L
Ώ  Ό  K  K  N  I  C  W  Λ  K  K  A  D  R  C
M  Σ  Σ  Y  A  I  C  K  Ό  C  A  P  I  D  S
E  Έ  O  T  R  L  H  K  X  O  K  Έ  E  P  V
N  K  P  A  I  N  Ά  Π  Σ  O  K  N  I  T  A
A  I  Ό  E  S  M  T  S  Q  Ύ  X  A  E  H  Π
Y  P  H  I  R  K  A  Y  Π  J  E  D  Σ  Λ  P
Z  E  U  W  H  H  K  E  S  L  Q  P  Ή  E  Ό
Y  M  Ό  M  Σ  I  Λ  O  B  O  P  Y  Π  Ό  Σ
Σ  T  A  Φ  Y  Λ  I  Ώ  N  S  A  C  Y  P  E
A  T  R  S  O  I  P  Ά  N  E  Σ  V  T  A  K
Σ  Φ  O  Y  Γ  Γ  Ά  P  I  O  O  M  X  Σ  T
Π  E  T  Σ  Έ  T  A  Σ  K  Λ  H  P  Ό  H  H
```

ΣΤΑΦΥΛΙΏΝ
ΑΠΡΌΣΕΚΤΗ
ΣΕΝΆΡΙΟ
ΑΝΕΜΏΝΗ
ΧΤΥΠΉΣΕΙ
ΠΕΤΣΈΤΑ
ΤΗΛΕΌΡΑΣΗ
ΜΕΡΙΚΈΣ
ΣΧΌΛΙΑ
ΣΚΛΗΡΌ

ΌΡΟΣ
ΣΠΆΝΙΑ
ΠΥΡΟΒΟΛΙΣΜΌ
ΝΌΣΤΙΜΑ
ΣΦΟΥΓΓΆΡΙ
ΧΙΛΙΆΔΕΣ
ΚΟΥΝΆΩ
ΑΡΈΝΑ
ΚΎΠΕΛΛΟ
ΚΑΤΆ

Puzzle 36

```
Ι  Ι  Α  Ι  Τ  Ν  Ό  Δ  S  Π  Ζ  Σ  Π  Κ  W
Κ  Ό  Σ  Μ  Ο  Υ  Κ  Ι  Χ  Α  U  Φ  Ε  Ο  J
Ζ  Α  Κ  Χ  L  F  Ζ  Α  Μ  Π  Τ  Ρ  Ρ  Ρ  Π
Ι  Τ  Α  F  Τ  Τ  Υ  Ν  Υ  Ο  Π  Α  Ι  Ι  Ε
Κ  L  Ι  Κ  J  Η  Α  Ε  U  Ύ  Ρ  Γ  Κ  Τ  Ρ
Q  U  Χ  V  Σ  Π  Ι  Ί  Α  Τ  Ο  Ί  Ο  Σ  Ι
C  S  Ί  Η  Ο  Ι  Π  Μ  Ν  Σ  Σ  Δ  Π  Ι  Ο
Ο  Ά  Τ  Υ  Φ  G  Ε  Ο  Ι  Φ  Α  Ή  Ώ  Δ
G  Ή  Ρ  V  G  G  Ι  Ι  Q  Ο  Λ  S  Ν  Ι
Ζ  U  Α  Ο  Λ  Κ  Ύ  Κ  Χ  Α  Ρ  Ά  Q  Η  Κ
Β  C  Χ  Ο  Υ  Έ  Α  Χ  Τ  Α  Ά  Π  L  L  Ό
Π  Υ  Ρ  Ε  Τ  Ό  Ξ  Υ  Ή  Ρ  Σ  Μ  Α  Ρ  Η
R  Ι  D  Ε  Q  Q  F  Η  Ρ  Β  Ζ  Ν  Υ  J  S
Ε  V  Q  Q  J  Κ  Σ  Ό  Ι  Δ  Ω  Ρ  Ε  Ν  Ο
```

ΠΑΠΟΎΤΣΙ
ΚΌΣΜΟΥ
ΑΝΟΙΧΤΉΡΙ
ΜΠΆΛΑ
ΛΈΞΗ
ΚΎΚΛΟ
ΖΉΤΗΣΗ
ΠΡΟΣΦΟΡΆΣ
ΔΙΑΝΕΊΜΕΙ
ΔΌΝΤΙΑ

ΠΕΡΙΚΟΠΉ
ΠΙΟ
ΠΟΥ
ΕΡΩΔΙΌΣ
ΚΟΡΙΤΣΙΏΝ
ΠΥΡΕΤΌ
ΦΥΤΆ
ΧΑΡΤΊ
ΠΕΡΙΟΔΙΚΌ
ΣΦΡΑΓΊΔΑ

Puzzle 37

```
I  L  M  G  D  B  A  M  H  Λ  B  Ό  P  Π  Σ
Δ  I  K  A  Σ  T  Ή  Σ  D  Ά  S  U  J  H  Y
H  I  X  I  K  Θ  J  Q  G  M  Σ  O  X  Λ  N
M  Z  Σ  Ό  T  K  E  V  N  Ψ  Ή  Ύ  R  E  Έ
V  P  K  T  T  M  T  M  N  H  T  S  W  Π  Δ
P  Ή  K  Ï  O  N  Y  E  E  W  H  M  Q  T  P
M  O  T  Έ  Λ  P  L  M  Q  Λ  T  Q  Y  Ή  I
G  P  U  X  G  F  Ί  G  Ή  K  I  N  Θ  E  O
Δ  Ω  M  Ά  T  I  O  A  B  Y  O  Ώ  K  B  Λ
Φ  Ό  P  E  M  A  F  C  Q  U  Φ  T  Δ  R  Y
Q  S  Δ  I  Ά  I  P  E  Σ  H  I  Q  Y  H  T
Π  A  P  A  K  O  Λ  O  Y  Θ  O  Ύ  Σ  E  X
H  Q  L  I  K  A  Σ  K  Ό  Λ  M  Y  S  E  Ά
A  Π  A  Σ  X  O  Λ  O  Ύ  N  U  Y  V  B  Δ
```

ΕΥΝΟΪΚΉ
ΠΑΡΑΚΟΛΟΥΘΟΎΣΕ
ΣΥΝΈΔΡΙΟ
ΔΙΑΊΡΕΣΗ
ΔΆΧΤΥΛΟ
ΔΙΚΑΣΤΉΣ
ΠΡΌΒΛΗΜΑ
ΦΌΡΕΜΑ
ΛΆΜΨΗ
ΕΚΤΌΣ

ΕΘΝΙΚΉ
ΜΟΤΈΛ
ΘΕΜΕΛΙΏΔΗ
ΔΩΜΆΤΙΟ
ΛΕΠΤΉ
ΚΑΣΚΌΛ
ΦΟΙΤΗΤΉΣ
ΑΠΑΣΧΟΛΟΎΝ
ΤΎΧΗ
ΙΣΤΟΡΊΑ

Puzzle 38

```
Π  Α  Ν  Τ  Ρ  Ε  Μ  Έ  Ν  Ο  Σ  Β  Β  Β  Α
Α  Ι  Σ  Θ  Ά  Ν  Θ  Η  Κ  Ε  G  F  Σ  Ι  Γ
Α  Π  Ο  Δ  Ί  Δ  Ο  Υ  Ν  F  Ν  Ο  Θ  Ο  Ο
Σ  Υ  Ν  Δ  Υ  Ά  Ζ  Ο  Υ  Ν  Ρ  Κ  Ε  Λ  Ρ
Ζ  Μ  Ο  Ό  Λ  Ε  Ρ  Τ  Α  Δ  Η  Μ  Ί  Ο  Ά
Έ  Ε  Λ  V  Μ  Ε  Σ  G  Ε  Ε  Τ  L  Ο  Γ  Σ
Β  Ί  Λ  Β  Ι  Τ  Ο  Ό  F  Τ  J  Η  Κ  Ί  Ν
Ρ  Ω  Ά  Υ  Α  L  Ρ  Π  Q  Μ  R  Q  Ε  Α  W
Α  Σ  Β  D  Τ  Π  Έ  Ο  Ά  G  Ε  Ζ  F  D  L
Ρ  Η  Ι  Ο  Ν  Τ  Μ  U  G  Ρ  Q  Γ  Α  J  L
L  Α  Ρ  Υ  Ο  Γ  Ί  Σ  Τ  Ζ  Δ  Ρ  Ά  Τ  Χ
Υ  Κ  Ε  Α  Ν  Ω  Φ  Μ  Ύ  Σ  R  Α  W  Λ  Υ
D  Ρ  Π  Q  Ά  Ο  Ρ  J  Ο  W  Τ  F  Λ  V  Ο
G  D  S  D  Χ  Χ  Α  Ρ  Τ  Α  Ε  Τ  Ό  Η  W
```

ΠΕΡΙΒΆΛΛΟΝ
ΠΡΌΕΔΡΟΣ
ΜΈΡΟΣ
ΘΕΊΟ
ΣΊΓΟΥΡΑ
ΛΕΟΠΆΡΔΑΛΗ
ΝΊΚΗ
ΜΕΓΆΛΟ
ΖΈΒΡΑ
ΣΎΜΦΩΝΑ

ΤΡΕΛΌ
ΑΓΟΡΆΣ
ΧΑΡΤΑΕΤΟ
ΒΙΟΛΟΓΊΑ
ΑΠΟΔΊΔΟΥΝ
ΧΆΝΟΝΤΑΙ
ΑΙΣΘΆΝΘΗΚΕ
ΣΥΝΔΥΆΖΟΥΝ
ΠΑΝΤΡΕΜΈΝΟΣ
ΜΕΊΩΣΗ

Puzzle 39

```
Λ  Α  Μ  Η  Τ  Σ  Ά  Τ  Α  Κ  G  Κ  Ε  Τ  Π
Μ  Ι  Ν  Ύ  Ο  Ρ  Ο  Φ  Α  Μ  Κ  Ο  Ξ  V  Ι
Τ  Α  Β  Α  Ά  Γ  Ρ  Ι  Ο  Ω  Ν  Υ  Α  U  Σ
Ύ  Τ  Σ  Ά  Κ  Ε  J  Ε  D  Σ  Ζ  Ν  Φ  Η  Τ
Π  Ν  Υ  Π  Δ  Α  Ρ  V  Υ  Ώ  Η  Ι  Α  Δ  Ε
Ο  Ο  Γ  Ε  D  Ι  Λ  Χ  W  Ι  Τ  Έ  Ν  Ε  Ύ
Σ  Θ  Χ  Ρ  Κ  W  Ν  Ύ  Μ  Α  Α  Μ  Ί  Ί  Ο
Μ  Ά  Ω  Ί  C  Έ  Γ  Ο  Ψ  Β  Μ  Α  Ζ  Χ  Υ
Α  Κ  Ρ  Π  Σ  Ρ  Υ  Π  R  Ε  Ό  Ι  Ο  Ν  Ν
Τ  Ε  Ή  Τ  Ι  S  Α  Ο  F  Β  Τ  Η  Ν  Ο  Β
Ι  V  Σ  Ω  Ρ  Η  Λ  Ί  D  Α  Υ  Ε  Τ  Υ  Χ
Ά  Μ  Ε  Σ  Τ  Ρ  Ί  Ω  Ε  Ι  Α  Η  Α  Ν  Α
R  W  Ι  Η  R  Τ  Q  Ν  Ι  Δ  Ο  G  Ι  L  R
Σ  Υ  Ν  Α  Ν  Τ  Ώ  Ν  Τ  Α  Ι  Κ  Ζ  Τ  Μ
```

ΚΟΥΝΙΈΜΑΙ	ΤΎΠΟΣ
ΣΥΓΧΩΡΉΣΕΙ	ΚΑΤΆΣΤΗΜΑ
ΠΕΡΊΠΤΩΣΗ	ΑΦΟΡΟΎΝ
ΣΥΧΝΈΣ	ΕΞΑΦΑΝΊΖΟΝΤΑΙ
ΟΠΟΊΩΝ	ΣΥΝΑΝΤΏΝΤΑΙ
ΛΙΒΆΔΙ	ΠΙΣΤΕΎΟΥΝ
ΑΝΑΚΑΛΎΨΕΤΕ	ΜΑΤΙΆ
ΑΥΤΌΜΑΤΗ	ΓΥΑΛΊ
ΔΕΊΧΝΟΥΝ	ΚΆΘΟΝΤΑΙ
ΆΓΡΙΟ	ΔΙΑΒΕΒΑΙΏΣΩ

Puzzle 40

```
Γ  Ρ  Ύ  Λ  Ι  Σ  Μ  Α  Ζ  Ζ  D  Σ  R  Δ  Θ
Κ  Α  Θ  Ί  Σ  Μ  Α  Τ  Ο  Σ  Χ  Σ  Κ  Ο  Υ
Ο  Ί  Υ  Ο  Ρ  Ί  Α  Φ  Σ  Ο  Δ  Ο  Π  Κ  Μ
L  Σ  Π  Ρ  Ώ  Τ  Α  W  Λ  Ε  Ι  Ι  Ι  Ω
Q  Α  Λ  Ε  Μ  Ό  Ν  Ι  R  Μ  Π  Ο  Ε  Μ  Μ
S  Λ  Ζ  Σ  G  F  Κ  Σ  Μ  Ε  Α  Π  J  Α  Έ
Ε  Η  G  Α  Ρ  Ή  Κ  G  Ι  J  Ρ  Ά  V  Σ  Ν
S  Δ  Μ  Ρ  V  Χ  Μ  Σ  Β  D  Ε  Κ  Ν  Τ  Ο
Κ  Ο  C  Έ  D  Θ  Ό  V  Β  D  Λ  J  Κ  Ι  Σ
S  Π  Α  Π  Ε  Δ  L  Ν  Κ  Τ  Θ  Q  Η  Κ  Υ
R  Q  U  Ί  Ο  Μ  Ο  Ρ  Φ  Ή  Ό  Χ  Β  Ή  Ζ
Η  C  Α  Υ  Γ  Ά  Η  Μ  Ο  Τ  Ν  Ύ  Σ  Β  Τ
Π  Λ  Ο  Υ  Σ  Ι  Ό  Τ  Ε  Ρ  Ε  Σ  Ν  S
Δ  Ύ  Ν  Α  Μ  Η  Τ  Ε  Χ  Ν  Ι  Κ  Ή  F  L
```

ΛΕΜΌΝΙ	ΜΟΡΦΉ
ΘΥΜΩΜΈΝΟΣ	ΠΈΡΑΣΕ
ΕΙΣΌΔΟΥ	ΠΡΏΤΑ
ΘΕΊΑ	ΠΑΡΕΛΘΌΝ
ΚΆΠΟΙΟΣ	ΔΟΚΙΜΑΣΤΙΚΉ
ΑΥΓΆ	ΓΡΎΛΙΣΜΑ
ΚΑΘΊΣΜΑΤΟΣ	ΠΟΔΗΛΑΣΊΑ
ΔΎΝΑΜΗ	ΠΟΔΟΣΦΑΊΡΟΥ
ΣΎΝΤΟΜΗ	ΠΛΟΥΣΙΌΤΕΡΕΣ
ΣΧΟΛΙΚΉ	ΤΕΧΝΙΚΉ

Puzzle 41

```
Π  Η  Σ  Η  Ρ  Τ  Έ  Μ  Ζ  Έ  Ε  Κ  Δ  Ε  Κ
R  A  O  Y  Y  L  Y  M  O  Θ  N  G  A  Π  Λ
J  Π  Ρ  Κ  N  N  Ρ  Ζ  Μ  Ι  Τ  W  N  Ι  Έ
Λ  Λ  A  A  Μ  Ο  Q  Ι  Ρ  Μ  Ό  Ρ  Ε  Σ  Ψ
Ι  Ή  Δ  Ι  Κ  Χ  Δ  Υ  L  O  Π  Δ  Ί  Κ  Ε
Γ  Ρ  Ι  Ο  J  O  Χ  Ε  Μ  Τ  Ι  Ζ  Σ  Ε  Ι
Ό  Ω  Ά  Μ  Μ  Ρ  Λ  U  Ύ  A  Σ  D  Τ  Υ  Η
Τ  Σ  Γ  Ι  S  Έ  Ρ  Ο  Θ  Ο  Ε  G  Η  Ή  Γ
Ε  Η  Ο  Ο  G  Π  J  Έ  Ύ  Ζ  Υ  Ε  Κ  Σ  Ε
Ρ  Σ  Τ  Τ  Ο  Υ  Σ  Φ  F  Θ  Ρ  N  Ε  C  Λ
Ο  Υ  Σ  Έ  Κ  Ι  Σ  A  B  C  Η  S  L  Σ  Ο
J  Ε  Ι  Χ  Μ  R  A  Κ  B  Ζ  Ι  Σ  A  Τ  Ί
Ζ  F  N  Η  Ά  N  Θ  Ι  Σ  Η  C  Μ  Η  Υ  A
Υ  Π  Ο  Κ  A  Τ  Ά  Σ  Τ  A  Τ  Ο  Ύ  Λ  G
```

ΆΝΘΙΣΗ	ΥΠΈΡΟΧΟ
ΣΥΝΟΔΕΎΟΥΝ	ΓΕΛΟΊΑ
ΠΑΡΑΚΟΛΟΎΘΗΣΗ	ΈΘΙΜΟ
ΜΈΤΡΗΣΗ	ΚΛΈΨΕΙ
ΒΑΣΙΚΈΣ	ΠΛΉΡΩΣΗΣ
ΈΤΟΙΜΟΙ	ΔΑΝΕΊΣΤΗΚΕ
ΣΤΥΛ	ΕΝΤΌΠΙΣΕ
ΔΙΑΘΈΣΙΜΗ	ΥΠΟΚΑΤΆΣΤΑΤΟΥ
ΕΠΙΣΚΕΥΉΣ	ΛΙΓΌΤΕΡΟ
ΓΆΙΔΑΡΟ	ΚΑΦΈ

Puzzle 42

```
L  J  I  D  O  I  Γ  Ύ  P  E  T  Π  Y  Ά  Δ
Π  I  U  Q  E  E  W  I  B  B  R  L  I  N  Ί
P  G  R  Z  T  Δ  H  H  H  P  I  Θ  Π  X  Π
I  Z  Ί  J  P  I  M  S  N  R  A  P  A  Y  Λ
N  Ξ  N  M  Ά  J  S  J  W  B  K  W  P  Σ  Ω
A  K  M  E  Π  Ί  Π  E  Δ  H  P  J  A  Y  M
G  W  A  E  M  Π  O  P  I  K  Ή  K  M  Γ  A
Λ  P  K  X  U  H  D  U  L  N  X  N  Έ  P  J
L  Ή  Σ  O  P  E  T  Ό  M  P  E  Θ  N  Ώ  H
M  A  Ψ  Π  P  O  Φ  A  N  Ή  A  Q  O  N  G
V  D  A  H  E  I  K  Ό  N  A  J  Z  Y  J  R
Φ  O  P  O  Λ  O  Γ  I  K  Ή  U  A  N  K  G
Π  Λ  Y  N  T  H  P  Ί  O  Y  R  X  A  T  X
M  Π  Ύ  P  A  J  L  N  F  O  S  G  C  P  V
```

ΠΤΕΡΎΓΙΟ   ΕΙΚΌΝΑ

ΣΚΑΜΝΊ   ΕΜΠΟΡΙΚΉ

ΠΡΟΦΑΝΉ   ΣΥΧΝΆ

ΑΞΊΖΕΙ   ΥΓΡΏΝ

ΔΊΠΛΩΜΑ   ΘΕΡΜΌΤΕΡΟΣ

ΠΆΡΤΕ   ΦΟΡΟΛΟΓΙΚΉ

ΠΛΥΝΤΗΡΊΟΥ   ΜΠΎΡΑ

ΠΑΡΑΜΈΝΟΥΝ   ΕΠΊΠΕΔΗ

ΔΕΙ   ΒΑΘΙΆ

ΛΉΨΗ   ΠΡΙΝ

Puzzle 43

```
M  E  T  A  P  P  Ύ  Θ  M  I  Σ  H  Q  L  D
A  Σ  N  N  Σ  A  P  K  E  T  Ά  Έ  B  L  T
N  Y  I  Y  T  J  Y  Z  P  T  Λ  W  U  U  E
E  N  Δ  M  A  V  Z  R  A  E  Π  U  P  O  B
Ξ  A  E  Ά  Θ  L  O  Y  Z  I  E  Σ  Έ  Θ  W
Ά  N  Ί  F  E  R  B  W  N  D  D  J  R  Θ  C
P  T  Π  A  P  R  L  Έ  U  G  W  J  E  T  Q
T  Ή  N  Y  Ή  F  Λ  H  F  H  Ό  P  K  I  M
H  Θ  O  C  Σ  O  N  Έ  M  Σ  A  P  Y  O  K
T  H  Π  E  Δ  Ί  O  G  Y  Π  V  V  P  L  P
O  K  Q  T  X  V  L  D  E  G  X  T  Q  S  Ό
L  E  C  N  C  U  A  Ί  Σ  A  K  I  E  I  K
F  F  O  Έ  T  F  A  I  P  Ύ  O  B  A  K  O
T  H  Σ  Π  H  A  Φ  Ή  N  O  N  T  A  Σ  Σ
```

ΔΕΊΠΝΟ	ΕΙΚΑΣΊΑ
ΑΦΉΝΟΝΤΑΣ	ΑΡΚΕΤΆ
ΣΤΑΘΕΡΉ	ΑΝΕΞΆΡΤΗΤΟ
ΖΕΛΈ	ΠΙΝΈΛΟ
ΘΕΡΑΠΕΊΑ	ΘΈΣΕΙ
ΣΥΝΑΝΤΉΘΗΚΕ	ΜΕΤΑΡΡΎΘΜΙΣΗ
ΜΙΚΡΌ	ΤΗΣ
ΆΜΥΝΑ	ΚΑΒΟΎΡΙΑ
ΠΈΝΤΕ	ΠΕΔΊΟ
ΚΡΌΚΟΣ	ΚΟΥΡΑΣΜΈΝΟΣ

Puzzle 44

```
Δ  Ρ  A  M  A  T  I  K  Ή  M  C  B  K  N  K
H  O  H  Ρ  O  N  Ά  Λ  Π  O  Ρ  E  A  H  Ρ
Θ  A  N  A  T  H  Φ  Ό  Ρ  A  Z  Ρ  Θ  Σ  B
Ά  N  E  T  H  Σ  Σ  Ά  I  T  I  D  H  Ί  M
O  Q  N  C  U  O  A  K  Ί  A  N  Y  Γ  E  K
U  E  O  X  A  Δ  Έ  H  B  I  W  K  H  Π  E
U  T  I  F  K  K  Φ  L  J  Q  Q  B  T  Ρ  D
W  E  Δ  E  A  Έ  A  I  J  C  L  I  Ή  Ό  B
Q  Ξ  Ί  G  J  Y  Ρ  X  Z  O  Ρ  X  Σ  O  Z
W  Έ  Ρ  R  F  A  Γ  D  F  Έ  O  G  L  Δ  F
Έ  Λ  E  Γ  X  O  Γ  Ή  X  Ί  K  E  K  O  Q
S  I  M  C  X  Z  Y  Σ  O  Θ  Ά  Λ  M  Z  Y
Z  Π  B  K  U  O  Σ  Λ  F  L  C  N  M  F  G
I  E  Ρ  Ά  Π  H  Π  K  A  Λ  Ύ  T  E  Ρ  H
```

ΚΑΛΎΤΕΡΗ	ΛΆΘΟΣ
ΙΤΊΑΣ	ΝΗΣΊ
ΑΕΡΟΠΛΆΝΟ	ΠΡΌΟΔΟ
ΕΠΙΛΈΞΕΤΕ	ΚΑΘΗΓΗΤΉΣ
ΣΥΓΓΡΑΦΈΑΣ	ΆΝΕΤΗ
ΑΥΓΉ	ΜΕΡΊΔΙΟ
ΓΥΝΑΊΚΑ	ΠΆΡΕΙ
ΈΚΔΟΣΗ	ΈΛΕΓΧΟ
ΘΑΝΑΤΗΦΌΡΑ	ΧΈΡΙ
ΔΡΑΜΑΤΙΚΉ	ΠΛΟΊΟ

Puzzle 45

T	I	Z	Ύ	P	C	E	I	Y	N	Q	E	Θ	Π	C
B	P	D	Y	N	Ά	E	P	Ω	Δ	E	Z	P	P	C
R	Ά	Ί	Θ	A	Π	Σ	T	A	G	Z	I	H	O	F
M	T	V	M	Ύ	B	Ή	K	I	T	Y	Δ	Σ	Σ	N
W	I	Q	O	H	Λ	A	Z	I	E	S	B	K	E	J
G	Σ	P	J	B	N	Ύ	O	K	Σ	A	Ξ	E	Γ	E
U	E	W	O	V	E	O	I	Θ	Ί	Λ	H	Y	Γ	I
N	V	Π	Σ	T	P	A	T	Ό	Σ	C	D	T	Ί	Σ
M	A	K	P	I	T	I	K	Ή	F	G	E	I	Z	B
Y	Π	O	K	A	T	Ά	Σ	T	H	M	A	K	O	Ά
Σ	Y	M	Π	E	P	I	Φ	O	P	Ά	Y	Έ	Y	Λ
T	E	Λ	E	Y	T	A	Ί	A	K	U	R	Σ	N	E
E	Π	I	Θ	E	T	I	K	Ή	Y	V	G	N	C	I
Σ	I	Δ	Ή	P	O	Y	Q	B	R	L	I	P	E	U

ΕΠΙΘΕΤΙΚΉ   ΣΤΡΑΤΌΣ
ΤΡΊΜΗΝΟ   ΘΡΗΣΚΕΥΤΙΚΈΣ
ΣΠΑΘΊ   ΕΙΣΒΆΛΕΙ
ΥΠΟΚΑΤΆΣΤΗΜΑ   ΤΕΛΕΥΤΑΊΑ
ΣΙΤΆΡΙ   ΔΩΡΕΆΝ
ΑΠΟΒΛΉΤΩΝ   ΕΞΑΣΚΟΎΝ
ΣΥΜΠΕΡΙΦΟΡΆ   ΚΡΙΤΙΚΉ
ΣΙΔΉΡΟΥ   ΔΥΤΙΚΉ
ΡΎΖΙ   ΝΕΡΟΎ
ΠΡΟΣΕΓΓΊΖΟΥΝ   ΗΛΊΘΙΟ

Puzzle 46

```
Ψ  Υ  Γ  Ε  Ί  Ο  Ξ  Κ  Δ  Ε  Ν  Q  Ν  Q  V
Τ  Ρ  Ο  Χ  Ι  Ά  Ε  Α  Ι  Ν  L  L  Υ  J  I
Ρ  Ο  L  Α  Χ  Ρ  Χ  Τ  Α  Τ  Κ  Β  Ο  F  A
Ε  Σ  Η  Λ  Ί  Μ  Ω  Α  Δ  Ε  Υ  Ρ  Ζ  Ο  Π
W  Μ  L  R  Χ  Ζ  Ρ  Σ  Ι  Λ  Α  Μ  Ί  Ρ  Ρ
Κ  D  Φ  V  C  G  I  Κ  Κ  Ώ  J  Ι  Ν  R  O
Π  R  Ζ  Α  F  G  Σ  Ε  Α  Σ  F  Η  Α  Ο  Β
Γ  Ό  Ζ  Ά  Ν  Β  Τ  Υ  Σ  G  S  Ρ  Φ  Μ  Ά
Έ  Ω  Δ  Λ  Α  Ί  Ό  Ή  Ί  U  Μ  C  Μ  Π  Δ
Λ  Q  F  Ι  Υ  Ν  Σ  Σ  Α  Υ  L  Κ  Ε  W  I
Α  Τ  F  Ε  Α  Α  Κ  Ε  Ρ  Υ  Q  Λ  Ι  C  Σ
Σ  J  Ο  Δ  Α  Π  Τ  J  Ι  Λ  Ά  Σ  Ο  J  Μ
Ε  Κ  Ύ  Κ  Ν  Ο  Ο  W  Ά  Τ  Ε  Μ  S  W  A
Α  Π  Έ  Ν  Α  Ν  Τ  Ι  Η  Σ  Ί  Ρ  Κ  Τ  I
```

ΨΥΓΕΊΟ
ΤΡΟΧΙΆ
ΔΙΑΔΙΚΑΣΊΑ
ΠΕΛΆΤΗ
ΑΠΈΝΑΝΤΙ
ΛΆΣΟ
ΕΝΤΕΛΏΣ
ΠΌΔΙΑ
ΚΎΚΝΟ
ΚΡΊΣΗ

ΜΊΛΗΣΕ
ΓΈΛΑΣΕ
ΠΑΝΊ
ΕΜΦΑΝΊΖΟΥΝ
ΚΑΤΑΣΚΕΥΉΣ
ΕΜΦΑΝΊΣΕΙ
ΞΕΧΩΡΙΣΤΌ
ΔΕΙΛΆ
ΠΡΟΒΆΔΙΣΜΑ
ΜΕΤΆ

Puzzle 47

```
X X Π A L M A Q E U Z W Σ K Z
E E E P Π I Σ Í N A O E É A T
I N I Λ Ά O U N T D N Σ K M T
M T Y V Ώ Σ F I U É Ω Y I Π A
Ώ O R W L N O C M N Φ M Λ Ύ Y
N Π F J N Q A I J Ω É B K Λ T
A Í A G O X P W X Λ Λ E Y H Ó
I Σ Ό T A K E M W Ύ H Í K G T
X E C K E Σ K Ά Λ A T Z G I H
R T E K K E P Í H P O B J X T
P E Γ H N É M H X Y T I Π E A
F Y Θ E P M I K Ή Π K A P Φ Í
Σ A N É X E T A I U P P O Z L
M G P S C A X Q V V T Ó T E L
```

ΣΥΓΚΕΚΡΙΜΈΝΕΣ
ΠΡΆΣΟ
ΚΕΡΊ
ΤΗΛΈΦΩΝΟ
ΕΚΑΤΌ
ΚΥΚΛΙΚΈΣ
ΤΑΥΤΌΤΗΤΑ
ΣΚΆΛΑ
ΠΙΣΊΝΑ
ΕΝΤΟΠΊΣΕΤΕ

ΚΑΡΦΊ
ΑΝΈΧΕΤΑΙ
ΠΥΡΑΎΛΩΝ
ΘΕΡΜΙΚΉ
ΧΕΛΏΝΑ
ΤΌΤΕ
ΧΕΙΜΏΝΑ
ΕΠΙΤΥΧΗΜΈΝΗ
ΣΥΜΒΕΊ
ΚΑΜΠΎΛΗ

Puzzle 48

```
T  P  S  F  W  Q  P  I  H  N  Π  Υ  Ξ  Έ  E
X  V  J  R  I  K  Ά  Δ  Υ  O  Γ  Α  Λ  Z  T
I  S  L  X  Q  K  U  O  H  W  Φ  Z  I  T  H
E  P  A  Ψ  A  W  Z  J  T  I  F  Ό  J  Σ  M
Σ  W  B  G  Ά  Ί  R  Σ  L  A  E  P  Λ  Ά  H
Ή  L  D  H  P  P  A  Ώ  J  Δ  G  W  C  N  H
T  V  Q  O  M  T  I  Φ  T  Ύ  X  P  A  T  O
A  I  Θ  I  N  B  B  A  M  N  P  H  W  A  Σ
P  A  K  Q  E  T  E  Σ  Ύ  A  Λ  O  Π  A  T
K  Π  Ό  P  T  A  Υ  Ά  Π  M  A  Π  M  M  A
K  A  T  Ά  B  A  Σ  H  Z  H  Q  R  O  Ώ  Δ
Δ  E  K  A  Δ  I  K  Ά  A  E  T  Ό  Σ  Σ  Ί
E  P  M  Ί  N  A  Σ  K  Ό  N  H  N  E  Z  O
P  Q  T  A  H  M  Σ  O  Λ  H  Λ  Λ  Ά  Π  Υ
```

ΈΞΥΠΝΗ   ΣΑΦΏΣ
ΣΤΑΔΊΟΥ   ΚΡΑΤΉΣΕΙ
ΤΣΆΝΤΑ   ΜΠΑΜΠΆ
ΚΑΤΆΒΑΣΗ   ΠΌΡΤΑ
ΑΔΎΝΑΜΗ   ΑΠΟΛΑΎΣΕΤΕ
ΔΕΚΑΔΙΚΆ   ΛΌΦΟ
ΣΏΜΑ   ΛΑΓΟΥΔΆΚΙ
ΨΆΡΙΑ   ΑΕΤΌΣ
ΥΠΆΛΛΗΛΟΣ   ΚΑΘΟΡΊΖΟΥΝ
ΕΡΜΊΝΑ   ΣΚΌΝΗ

Puzzle 49

```
Ό  Α  Ν  Ά  Β  Α  Σ  Η  Ν  Τ  Β  R  F  F  Σ
Π  Μ  Α  Ν  Ι  Τ  Ά  Ρ  Ι  Α  Τ  Σ  Ύ  Ο  Φ
Ω  Α  Ρ  Σ  S  Η  Κ  Α  Ο  Q  W  Χ  Ν  Ο  Ζ
Σ  Ν  Χ  Ό  S  Ν  Α  Ί  Φ  Ο  Σ  Έ  Ι  Π  Ρ
Γ  Α  Τ  Λ  Ο  Έ  Μ  Π  Q  W  Μ  Ρ  Ο  Ι  Α
Υ  Π  Κ  Ο  Ρ  Μ  Ο  Ρ  Ό  Σ  Μ  Υ  U  Π  Π
Α  Ν  S  C  Τ  Ι  Q  Α  Ι  Σ  Q  L  Τ  Έ  Α
Λ  Ε  Ο  Ί  Α  Ρ  Ω  Ρ  Ρ  F  Π  C  Τ  Ρ  Ν
Ι  Ύ  Ν  Α  Ί  Κ  Υ  Ύ  Α  L  Ρ  Α  Η  Ι  Ά
Σ  Σ  Q  Ο  Τ  Ε  R  Μ  F  Χ  Ι  Μ  Σ  C  Κ
Τ  Τ  Μ  Α  Ν  Κ  Χ  Μ  Χ  Μ  Ε  Ή  C  Μ  Ι
Ε  Ε  U  Κ  Ο  Γ  Q  Η  Υ  Ρ  F  Μ  Μ  G  Α
Ρ  V  Ε  Ο  Δ  Υ  F  Λ  Ή  Ί  Ο  Τ  Σ  Ι  Π
Ό  Η  D  F  Ο  Σ  Η  Π  Σ  Α  Ρ  Ά  Ν  Τ  Α
```

ΣΑΡΆΝΤΑ	ΑΠΌΣΠΑΣΜΑ
ΓΥΑΛΙΣΤΕΡΌ	ΣΌΛΟ
ΩΡΑΊΟ	ΉΡΕΜΗ
ΕΚΝΕΥΡΙΣΜΈΝΟΣ	ΣΥΓΚΕΚΡΙΜΈΝΗ
ΑΝΑΠΝΕΎΣΤΕ	ΠΙΣΤΟΊ
ΟΔΟΝΤΊΑΤΡΟ	ΜΑΝΙΤΆΡΙ
ΡΑΠΑΝΆΚΙ	ΣΟΦΊΑ
ΌΠΩΣ	ΠΙΠΈΡΙ
ΤΜΉΜΑ	ΑΝΆΒΑΣΗ
ΠΛΗΜΜΎΡΑ	ΦΟΎΣΤΑ

Puzzle 50

```
Π  L  C  Γ  Φ  Θ  O  P  Ά  W  I  A  K  A  P
P  G  J  N  Y  O  Z  Ά  E  P  H  Π  E  Z  F
O  N  Σ  Ώ  G  N  F  B  D  Y  T  Y  E  W  L
N  H  O  Σ  H  Ψ  Έ  K  Σ  V  O  K  K  G  B
Ό  Ψ  Λ  H  V  H  H  R  O  E  D  W  T  E  E
M  E  Λ  Q  K  E  L  M  U  Ό  K  S  E  T  K
I  K  A  I  E  Θ  Ά  Π  Σ  O  P  Π  Λ  A  A
O  Σ  Ξ  W  I  Δ  Z  I  N  X  A  G  Έ  I  T
F  Ί  Έ  A  A  E  M  B  I  P  R  K  Σ  P  A
E  Π  I  Σ  T  P  O  Φ  Ή  B  T  U  E  E  Λ
Q  E  N  Ό  H  M  A  E  Z  A  T  Z  I  Ί  Ά
C  H  A  N  Ύ  O  Λ  A  K  O  Π  A  K  A  B
J  I  P  R  Ή  K  I  T  Y  E  Γ  A  M  Z  E
K  A  T  Ά  Λ  Λ  H  Λ  O  A  N  A  N  Ά  I
```

MIΣΌ
ΕΠΊΣΚΕΨΗ
ΕΤΑΙΡΕΊΑ
ΑΝΑΝΆ
ΝΌΗΜΑ
ΑΠΟΚΑΛΟΎΝ
ΣΚΈΨΗΣ
ΓΝΏΣΗ
ΕΚΤΕΛΈΣΕΙ
ΈΚΤΑΚΤΗ

ΚΑΤΆΛΛΗΛΟ
ΕΠΙΣΤΡΟΦΉ
ΈΞΑΛΛΟΣ
ΦΘΟΡΆ
ΠΡΟΣΠΆΘΕΙΑ
ΚΑΤΑΛΆΒΕΙ
ΠΡΟΝΌΜΙΟ
ΟΜΆΔΑ
ΕΠΗΡΕΆΖΟΥΝ
ΜΑΓΕΥΤΙΚΉ

Puzzle 51

```
Σ  Ε  Λ  Έ  Γ  Χ  Ο  Υ  F  Ά  D  Ε  Χ  Α  V
Ε  Υ  Χ  S  Η  L  F  Ζ  Η  Κ  D  Β  Q  Ί  Ε
G  C  Λ  Κ  Ι  Ι  Ε  Χ  Έ  Ι  Ρ  Ε  Π  Θ  Π
S  Κ  Μ  Λ  Η  Ξ  Ι  Ρ  Ή  Τ  Σ  Ο  Π  Υ  Λ
U  C  V  Ζ  Ο  S  Χ  Β  U  Ε  Β  Ι  Χ  Ο  Ο
D  Ε  Ο  G  Ο  Γ  R  L  J  Ρ  Τ  Π  Α  Λ  Ύ
Ν  Ό  Τ  Ι  Α  Χ  Ή  D  Ύ  Ι  Α  Ό  Ρ  Ο  Σ
Α  F  Τ  V  Ί  Ώ  Ι  Σ  Ε  Α  Ξ  Κ  Ο  Κ  Ι
Κ  V  U  G  Ν  Ρ  Η  Τ  Ν  Ξ  Ί  Σ  Ύ  Α  Α
L  Ά  Ρ  Q  Ω  Α  Υ  V  Ν  Ε  Μ  Ε  Μ  Τ  S
D  Τ  Π  J  Γ  Ρ  Ο  Κ  Έ  Χ  Ζ  Λ  Ε  Κ  J
L  V  C  Ο  Ό  Ρ  Ο  Ι  Α  Ο  U  Η  Ν  Β  Ν
V  Τ  G  Ι  Υ  Δ  Ο  Κ  Ι  Μ  Ή  Τ  Α  Ν  R
Μ  Α  Γ  Ε  Ι  Ρ  Ε  Ύ  Ο  Υ  Ν  Q  L  G  Α
```

ΑΚΟΛΟΥΘΊΑ	ΡΟΚ
ΜΑΓΕΙΡΕΎΟΥΝ	ΧΑΡΟΎΜΕΝΑ
ΒΡΎΣΗ	ΕΝΝΈΑ
ΧΏΡΑ	ΥΠΟΣΤΉΡΙΞΗ
ΚΆΠΟΥ	ΠΕΡΙΈΧΕΙ
ΌΡΟΙ	ΠΛΟΎΣΙΑ
ΝΌΤΙΑ	ΤΗΛΕΣΚΌΠΙΟ
ΕΞΑΙΡΕΤΙΚΆ	ΓΩΝΊΑ
ΣΥΛΛΟΓΉΣ	ΔΟΚΙΜΉ
ΤΑΞΊ	ΕΛΈΓΧΟΥ

Puzzle 52

J	T	Y	E	Λ	Έ	Γ	X	E	T	A	I	Σ	T	O
T	O	I	X	O	Γ	P	A	Φ	Ί	A	Q	A	O	D
U	G	Ί	A	L	W	P	K	J	H	N	R	N	Π	I
I	E	E	E	Ξ	Έ	T	A	Σ	H	Ή	G	O	O	I
A	J	T	Γ	Y	A	Λ	I	Ά	G	M	F	M	Θ	L
E	H	Σ	H	T	N	Ά	Π	A	R	O	R	Ή	E	M
K	O	I	N	Ω	N	I	K	Ή	Σ	H	S	T	T	C
H	N	N	M	Έ	Σ	H	R	Έ	K	J	G	Σ	Ή	P
P	A	A	Γ	Ύ	M	J	M	G	V	I	I	I	Σ	C
W	Π	Φ	B	P	T	W	T	I	Z	T	N	Π	T	C
C	M	A	A	N	Ά	Z	Ή	T	H	Σ	H	E	E	I
J	Ύ	Ξ	Ξ	E	N	O	Δ	O	X	E	Ί	O	Γ	S
J	T	E	T	Ξ	Έ	Λ	I	Π	E	Λ	Ό	Γ	O	F
Y	D	T	A	I	P	I	Ά	Z	E	I	P	O	D	E

ΤΟΠΟΘΕΤΉΣΤΕ
ΤΎΜΠΑΝΟ
ΕΞΑΦΑΝΙΣΤΕΊ
ΕΠΙΣΤΉΜΟΝΑΣ
ΑΝΑΖΉΤΗΣΗ
ΜΎΓΑ
ΞΕΝΟΔΟΧΕΊΟ
ΓΕΝΙΚΉ
ΓΥΑΛΙΆ
ΤΟΙΧΟΓΡΑΦΊΑ

ΕΞΈΤΑΣΗ
ΚΟΙΝΩΝΙΚΉ
ΤΑΙΡΙΆΖΕΙ
ΛΌΓΟ
ΕΛΈΓΧΕΤΑΙ
ΜΈΣΗ
ΜΈΣΟ
ΜΉΝΑ
ΕΠΙΛΈΞΤΕ
ΑΠΆΝΤΗΣΗ

Puzzle 53

```
O  V  Δ  K  Ί  T  P  I  N  O  P  Π  F  T  V
N  H  I  I  E  B  E  B  Y  X  Ό  O  Σ  O  K
O  B  K  Σ  A  Π  O  Ύ  N  I  Λ  Λ  C  I  A
M  Ί  H  Δ  Ή  Λ  Ω  Σ  H  E  O  Y  Δ  Λ  Π
Ά  Σ  Γ  N  Λ  G  G  K  T  G  O  T  E  Ύ  E
Z  Ω  Ό  O  Π  G  H  P  P  Z  P  Έ  Y  O  Λ
E  Σ  P  T  A  R  Ά  A  Q  Ύ  E  Λ  T  B  Π
T  E  O  J  Σ  Π  A  D  Z  L  O  E  Έ  M  I
A  G  Σ  X  E  E  K  A  O  F  S  I  P  Y  Σ
I  N  T  Z  J  S  Z  A  R  S  A  A  A  Σ  M
A  Π  A  Γ  O  P  E  Ύ  O  Y  N  S  Z  D  Έ
Q  H  Δ  I  E  Y  Θ  Y  N  T  Ή  P  Y  T  N
G  P  H  O  W  M  Π  P  Ό  K  O  Λ  O  Y  O
E  N  T  O  Π  I  Σ  M  Ό  A  S  Y  T  B  I
```

ΖΕΣΤΌ
ΕΝΤΟΠΙΣΜΌ
ΑΠΛΉ
ΣΥΜΒΟΎΛΙΟ
ΚΊΤΡΙΝΟ
ΜΠΡΌΚΟΛΟΥ
ΟΝΟΜΆΖΕΤΑΙ
ΚΡΎΟ
ΊΣΩΣ
ΔΙΕΥΘΥΝΤΉ

ΠΟΛΥΤΈΛΕΙΑ
ΑΠΕΛΠΙΣΜΈΝΟΙ
ΔΙΚΗΓΌΡΟΣ
ΡΌΛΟ
ΣΟΚ
ΤΡΆΠΕΖΑ
ΔΕΥΤΈΡΑ
ΣΑΠΟΎΝΙ
ΔΉΛΩΣΗ
ΑΠΑΓΟΡΕΎΟΥΝ

Puzzle 54

```
X  Z  Y  S  Q  D  G  K  A  Φ  Z  J  M  L  G
Γ  U  F  J  X  U  I  Λ  A  E  V  C  H  V  N
P  A  Y  L  H  P  Y  I  U  Γ  Ξ  D  B  K  A
A  Ί  P  V  Σ  T  Ή  Π  Ά  Γ  B  A  P  Ώ  T
M  Φ  D  E  Ά  A  M  Σ  Λ  Ά  N  A  N  A  L
M  H  P  O  T  I  I  U  H  P  Φ  Σ  Δ  Ώ  Z
A  Ψ  Q  Z  Σ  Ό  T  S  Ψ  I  Ύ  Φ  P  B  Φ
T  O  Q  M  T  W  Γ  P  C  Q  Λ  A  O  D  L
Έ  I  T  E  F  M  W  P  Π  Y  Λ  Λ  Σ  Z  Λ
A  E  H  T  Φ  Έ  P  Θ  A  K  O  E  E  L  E
Σ  M  Ά  Φ  Θ  O  N  A  X  Q  N  Ί  P  T  Π
C  I  G  I  P  F  O  Y  Ύ  B  N  A  Ό  I  T
A  Π  O  Φ  A  N  Θ  E  Ί  L  F  Σ  T  M  Ά
O  Q  E  F  Q  K  Λ  O  Y  K  Ά  N  I  K  A
```

ΑΣΦΑΛΕΊΑΣ   ΛΕΠΤΆ

ΆΦΘΟΝΑ   ΛΟΥΚΆΝΙΚΑ

ΚΛΙΠ   ΑΡΓΌΤΕΡΑ

ΑΠΟΦΑΝΘΕΊ   ΠΑΧΎ

ΦΎΛΛΟ   ΚΑΘΡΈΦΤΗ

ΔΡΟΣΕΡΌ   ΣΤΆΣΗ

ΦΕΓΓΆΡΙ   ΧΡΉΣΗ

ΨΗΛΆ   ΓΡΑΜΜΑΤΈΑΣ

ΦΏΝΑΞΕ   ΜΕΙΟΨΗΦΊΑ

ΤΙΜΉ   ΤΏΡΑ

Puzzle 55

```
K  Í  N  H  M  A  O  U  Σ  Ξ  V  E  D  M  X
Έ  A  F  I  N  Ά  T  Π  E  E  A  Y  M  O  W
Σ  G  A  Ύ  M  Ά  Λ  L  Z  X  Π  X  U  N  Z
T  Q  S  O  H  A  Π  J  Ό  N  A  A  N  A  Z
E  F  F  M  Σ  Q  T  A  N  Ά  P  P  Π  X  K
I  Z  P  T  E  A  S  D  Δ  M  A  I  A  I  Y
Λ  N  I  A  Ί  P  Y  M  V  E  Ί  Σ  P  K  P
E  K  F  E  Π  V  H  X  E  F  T  T  A  Ό  I
Ή  E  P  Γ  A  T  I  K  Ο  Ύ  H  H  Σ  C  A
J  Z  Y  Γ  Ί  Z  O  Y  N  J  T  M  K  C  K
N  K  O  Y  P  T  Ί  N  E  Σ  H  Έ  E  J  Ή
Σ  T  P  A  T  I  Ώ  T  H  Z  H  N  Y  K  V
B  Π  O  N  T  Ί  K  I  Y  O  I  O  Ή  P  E
E  I  Δ  O  Π  O  Ί  H  Σ  H  J  Σ  Y  K  F
```

ΣΕΖΌΝ
ΠΊΕΣΗ
ΣΤΡΑΤΙΏΤΗ
ΔΑΠΆΝΗ
ΈΣΤΕΙΛΕ
ΕΡΓΑΤΙΚΟΎ
ΑΤΜΟΎ
ΖΥΓΊΖΟΥΝ
ΚΟΥΡΤΊΝΕΣ
ΠΛΑΣΤΙΚΉ

ΕΥΧΑΡΙΣΤΗΜΈΝΟΣ
ΑΠΑΡΑΊΤΗΤΗ
ΚΥΡΙΑΚΉ
ΠΑΡΑΣΚΕΥΉ
ΞΕΧΝΆΜΕ
ΜΟΝΑΧΙΚΌ
ΚΊΝΗΜΑ
ΕΙΔΟΠΟΊΗΣΗ
ΕΠΤΆ
ΠΟΝΤΊΚΙ

Puzzle 56

```
E  I  L  V  Q  R  X  W  M  W  I  U  A  Π  Ώ
N  T  J  K  G  E  Ό  O  S  C  L  I  K  E  P
Έ  X  C  J  K  N  M  Y  P  H  T  E  A  P  E
P  Y  W  O  S  Ό  Π  W  B  Σ  E  Σ  N  I  Σ
Γ  K  T  G  A  I  J  Ά  E  Y  Ή  A  Σ  F
E  E  S  Y  E  I  U  P  I  N  K  P  Π  T  K
I  T  Λ  Σ  M  E  E  W  G  E  A  Ω  Έ  A  A
A  H  T  K  L  T  G  X  U  M  I  X  T  T  T
Θ  R  Y  I  B  H  S  C  Έ  Ό  P  O  O  I  A
Π  P  O  Σ  Y  O  Λ  Ό  N  X  Ί  P  Z  K  I
M  E  T  A  Φ  O  P  Ά  T  E  A  Π  C  Ό  Γ
Φ  I  Λ  Ί  X  H  I  B  Ά  N  Y  O  K  A  Ί
N  Y  Σ  A  Ί  E  Λ  E  T  Y  Λ  O  Π  O  Δ
J  W  G  F  X  P  O  M  I  Σ  Ί  E  Λ  K  A
```

ΘΗΛΥΚΌ   ΚΟΥΝΆΒΙ
ΧΌΜΠΙ   ΤΕΡΆΣΤΙΑ
ΠΟΛΥΤΕΛΕΊΑΣ   ΠΕΡΙΣΤΑΤΙΚΌ
ΏΡΕΣ   ΚΑΝΑΠΈ
ΕΝΈΡΓΕΙΑ   ΌΛΟΥΣ
ΈΧΕΙ   ΣΥΝΕΧΌΜΕΝΕΣ
ΕΥΚΑΙΡΊΑ   ΚΑΤΑΙΓΊΔΑ
ΠΡΟΧΩΡΉΣΕΙ   ΜΕΤΑΦΟΡΆ
ΦΙΛΊ   ΠΡΟΣ
ΣΚΙ   ΚΛΕΊΣΙΜΟ

Puzzle 57

```
K  V  F  Ý  K  G  A  P  O  P  Ύ  Γ  C  J  Q
Έ  I  C  G  Y  P  Z  Π  P  P  I  P  T  S  B
N  P  M  Q  K  O  Ω  I  W  A  T  O  Π  Ί  T
T  P  E  B  Ό  Λ  Y  O  Π  L  V  Ύ  Q  K  H
P  W  P  Q  O  Ή  B  Έ  B  A  I  A  K  N  Ί
O  W  H  Ύ  T  K  S  N  H  G  V  I  I  I  Z
Σ  Y  N  H  Θ  I  Σ  M  Έ  N  O  Π  Δ  B  A
A  M  H  Σ  Z  T  C  W  N  P  Ώ  P  Ί  Ά  M
I  A  X  Ά  P  K  G  U  Q  P  Ή  L  Λ  Τ  U
Σ  Θ  V  P  L  A  H  G  Θ  X  B  U  A  Y  R
Ό  H  P  Δ  K  P  I  N  Z  D  I  I  Ψ  O  O
M  T  W  F  K  Π  A  Ί  E  P  O  Π  U  K  T
H  Ή  E  I  Σ  Ά  Γ  E  T  E  M  E  J  L  M
Δ  L  I  Ί  E  P  O  Γ  H  T  A  K  W  G  T
```

ΠΟΡΕΊΑ
ΔΡΆΣΗ
ΣΥΝΗΘΙΣΜΈΝΟ
ΚΑΤΗΓΟΡΕΊ
ΠΡΑΚΤΙΚΉ
ΓΎΡΟ
ΑΜΟΙΒΉ
ΕΙΣΆΓΕΤΕ
ΠΩΛΟΎΝ
ΔΗΜΌΣΙΑΣ

ΜΑΘΗΤΉ
ΤΊΠΟΤΑ
ΟΡΤΎΚΙΑ
ΑΝΘΡΏΠΙΝΗ
ΒΈΒΑΙΑ
ΚΈΝΤΡΟ
ΚΟΥΤΆΒΙ
ΜΑΖΊ
ΨΑΛΊΔΙ
ΠΟΥΛΌΒΕΡ

Puzzle 58

```
E W H K X G M V O E J A A P W
I X M U A W K L Γ L Π M E F H
O P Y X E Ί O G P D E A O K J
E I K O N I K Ή E Λ P M Φ Z P
Y V L P X G A A Ί M S P Z Ώ Y
Π Ά N T A C T Σ P J V Ύ Q O N
Π I Ά T O V A Ό E W S Σ ΐ Σ Y
Π Λ Ά K A B I Γ Π P U A S Ό O
W Z R A O Σ E A D U M R C N Z
M Ϊ B I A Ό Λ Λ Φ O P H T Ό Ά
Y N Λ M X Δ Ώ A Γ Ά Π H X U T
W H J Z S A Π Π P Ό T Y Π O E
F C O X I Y A T A B Ό P Π O Ξ
A K A Δ H M A Ϊ K Ό M W J U E
```

ΗΛΙΟΒΑΣΊΛΕΜΑ   ΟΡΥΧΕΊΟ
ΠΡΌΒΑΤΑ   ΣΌΔΑ
ΜΑΐΟΥ   ΠΡΌΤΥΠΟ
ΦΟΡΗΤΌ   ΛΑΓΌΣ
ΑΠΏΛΕΙΑ   ΠΙΆΤΟ
ΕΙΚΟΝΙΚΉ   ΠΛΆΚΑ
ΑΚΑΔΗΜΑΪΚΌ   ΝΌΣΟ
ΑΓΆΠΗ   ΠΆΝΤΑ
ΕΞΕΤΆΖΟΥΝ   ΕΠΑΦΏΝ
ΣΎΡΜΑ   ΠΕΡΊΕΡΓΟ

Puzzle 59

```
T  P  Έ  X  O  N  T  A  Σ  Σ  I  D  Σ  D  Δ
Ό  Π  Π  O  Y  R  I  J  U  C  Φ  Π  F  A  H  I
Ή  M  W  H  N  T  P  Y  T  Ά  Π  G  M  S  E
K  T  P  A  Γ  O  Ύ  Δ  I  Λ  A  Z  Π  B  Y
I  O  Ά  T  K  W  Π  H  R  M  Σ  O  O  E  K
T  O  I  N  E  Ά  K  Λ  P  A  Ί  U  Y  P  P
N  E  Λ  Λ  B  P  K  N  Ή  K  A  K  Ά  C  I
A  Y  Y  Y  Ό  E  P  T  N  P  Σ  X  N  U  N
M  Q  O  X  T  T  N  I  K  Z  H  X  R  K  Ί
H  T  Π  Ό  E  Σ  H  K  A  N  Έ  N  A  U  Σ
Σ  B  Σ  S  Γ  I  F  T  A  Δ  E  Λ  Φ  Ό  E
X  O  R  T  A  P  H  I  A  T  E  X  P  Έ  I
Π  M  R  S  Π  A  Σ  Σ  Ώ  Λ  Γ  E  K  X  J
S  A  Π  O  T  E  Λ  O  Ύ  M  E  N  H  P  B
```

ΑΔΕΛΦΌ
ΠΟΥΛΙΆ
ΣΗΜΑΝΤΙΚΉ
ΔΙΕΥΚΡΙΝΊΣΕΙ
ΤΡΈΧΟΝΤΑΣ
ΚΟΙΛΌΤΗΤΑ
ΌΠΟΥ
ΠΑΓΕΤΌ
ΑΠΟΤΕΛΟΎΜΕΝΗ
ΣΑΜΠΟΥΆΝ

ΠΛΉΡΗ
ΙΠΠΑΣΊΑΣ
ΈΡΧΕΤΑΙ
ΓΛΏΣΣΑ
ΚΑΝΈΝΑ
ΤΡΑΓΟΎΔΙ
ΑΡΙΣΤΕΡΆ
ΠΟΣΌ
ΣΦΆΛΜΑ
ΚΑΚΉ

Puzzle 60

```
G  V  L  X  F  L  Σ  R  F  A  R  Σ  C  X  K
F  Y  J  W  Z  O  Ά  P  H  N  Y  Δ  O  I
M  C  G  D  Δ  N  N  E  Y  D  L  M  A  Σ  N
O  I  J  O  T  L  W  Λ  O  Π  M  Π  Γ  Y  H
Z  C  Θ  E  A  V  I  C  U  N  D  Ύ  A  N  T
M  Έ  O  K  Ό  K  Y  E  Λ  E  W  K  Π  E  Ή
M  V  N  H  Ό  Π  M  Y  O  A  K  N  H  Δ  P
I  I  A  T  E  N  Ί  A  Φ  M  H  Ω  M  P  A
N  J  A  Σ  T  E  Ί  O  J  E  K  M  Έ  Ί  C
T  P  A  Π  Έ  Z  I  H  X  Θ  T  A  N  A  B
E  Ξ  Y  Π  H  P  E  T  I  K  Ό  Z  O  Σ  C
Σ  Ύ  N  Δ  E  Σ  H  Σ  Y  Λ  Ά  N  A  H  W
R  X  R  Π  Λ  H  P  O  Φ  O  P  Ί  E  Σ  B
I  Δ  I  O  K  T  H  Σ  Ί  A  Σ  F  V  F  V
```

ΘΈΜΑ   ΚΌΤΑ
ΣΥΝΕΔΡΊΑΣΗ   ΤΡΑΠΈΖΙ
ΕΞΥΠΗΡΕΤΙΚΌ   ΛΕΥΚΌ
ΦΑΊΝΕΤΑΙ   ΠΛΗΡΟΦΟΡΊΕΣ
ΥΛΙΚΌ   ΑΓΑΠΗΜΈΝΟ
ΜΠΟΛ   ΣΥΜΠΎΚΝΩΜΑ
ΑΣΤΕΊΟ   ΟΔΥΝΗΡΆ
ΜΈΘΟΔΟΣ   ΚΙΝΗΤΉΡΑ
ΑΝΆΛΥΣΗ   ΚΑΟΥΜΠΌΗ
ΙΔΙΟΚΤΗΣΊΑΣ   ΣΎΝΔΕΣΗ

Puzzle 61

```
S  R  Γ  Ή  Π  J  Υ  Ρ  Ι  Α  Ν  Η  Τ  Α  G
Σ  R  Ν  Τ  Π  Ο  Ν  Β  Ε  D  Ρ  Τ  Η  Κ  Ε
Υ  Α  Ώ  Σ  Ε  Ί  Σ  U  Ψ  G  Ο  Χ  Κ  Ρ  G
Ζ  Π  Ρ  Α  Ρ  Ε  Ι  Ό  Έ  Ε  S  G  Ή  Ι  L
Ή  Ο  Ι  Μ  Ί  Ρ  Β  W  Τ  D  D  G  Λ  Β  J
Τ  Μ  Ζ  Ο  Π  Ο  Ο  V  Σ  Η  Α  U  Α  Ά  Η
Η  Ο  Ε  Ν  Τ  Φ  Υ  Μ  Η  Σ  Τ  F  Κ  Σ  Π
Σ  Ν  Μ  Ο  Ε  Ω  Τ  D  Λ  Έ  Q  Α  Ύ  Ή  Ρ
Η  Ω  Ι  Ρ  Ρ  Ε  Ι  Ζ  U  Θ  Η  Ε  Σ  Φ  Ο
Ε  Μ  C  Α  Ο  Λ  Ά  S  Ζ  D  Γ  Χ  W  Α  Φ
V  Έ  Μ  Π  Ρ  Ο  Σ  Β  Ά  Λ  Λ  Ο  Υ  Ν  Ο
C  Ν  Α  Δ  Ι  Α  Φ  Ά  Ν  Ε  Ι  Α  L  J  Ρ
Μ  Ο  Ό  Μ  Ο  Ρ  Φ  Η  Q  S  D  Q  Ε  Q  Ά
Α  Δ  Α  Ν  Ε  Ί  Ζ  Ο  Υ  Ν  Ι  R  Α  Ι  Η
```

ΑΚΡΙΒΆ	ΠΕΡΊΠΤΕΡΟ
ΘΈΣΗ	ΠΑΡΟΝΟΜΑΣΤΉ
ΑΡΧΉ	ΑΠΟΜΟΝΩΜΈΝΟ
ΓΕΎΣΗ	ΠΡΟΣΒΆΛΛΟΥΝ
ΑΦΉΣ	ΛΗΣΤΈΨΕΙ
ΒΟΥΤΙΆ	ΔΑΝΕΊΖΟΥΝ
ΔΙΑΦΆΝΕΙΑ	ΠΡΟΦΟΡΆ
ΌΜΟΡΦΗ	ΠΟΣΌΤΗΤΑΣ
ΛΕΩΦΟΡΕΊΟ	ΓΝΏΡΙΖΕ
ΣΥΖΉΤΗΣΗ	ΚΑΛΉ

Puzzle 62

```
R  Δ  H  C  Έ  U  Z  F  Y  D  J  G  H  T  M
T  A  P  Y  Ξ  Π  Λ  A  T  E  Ί  A  F  T  Ό
Φ  S  Z  A  I  I  Σ  O  Λ  A  K  Σ  Ά  Δ  N
P  N  I  U  Σ  Ώ  K  O  I  N  Ή  Ω  I  U  O
Έ  R  D  E  B  T  O  N  Ω  Γ  Ί  P  T  P  F
Z  A  O  I  X  P  H  G  L  J  A  Έ  M  J  P
I  R  P  E  N  M  E  P  Π  O  Λ  Λ  Έ  Σ  X
A  K  D  W  M  Q  F  Λ  I  Λ  Ά  T  Y  O  K
A  N  Ή  Λ  Ω  Σ  Z  O  Π  Ό  Λ  A  Π  A  Q
A  Φ  I  E  P  Ώ  N  Ω  D  Ί  T  J  M  T  A
I  B  U  O  E  G  T  W  D  Λ  Δ  H  U  M  W
A  M  Σ  E  Λ  Έ  T  O  Π  A  T  A  T  F  Q
T  V  E  Γ  Ί  N  E  I  H  X  W  X  Σ  A  O
Π  P  O  T  E  Ί  N  O  Y  M  E  H  R  Y  Z
```

ΑΚΡΙΒΏΣ
ΓΊΝΕΙ
ΈΞΙ
ΕΛΠΊΔΑΣ
ΜΌΝΟ
ΑΠΑΛΌ
ΠΛΑΤΕΊΑ
ΠΡΟΤΕΊΝΟΥΜΕ
ΠΟΛΛΈΣ
ΦΡΈΖΙΑ

ΑΠΟΤΈΛΕΣΜΑ
ΈΡΩΣ
ΣΩΛΉΝΑ
ΔΡΑΣΤΗΡΙΌΤΗΤΑ
ΔΆΣΚΑΛΟΣ
ΚΟΙΝΉ
ΤΡΊΓΩΝΟ
ΧΑΛΊ
ΚΟΥΤΆΛΙ
ΑΦΙΕΡΏΝΩ

Puzzle 63

```
T  Ά  X  B  X  J  M  G  P  Λ  P  Σ  X  F  O
S  I  L  O  I  Y  L  L  L  O  L  I  Ά  L  Δ
V  Δ  Z  Γ  O  B  M  O  Y  Y  K  Ω  Λ  E  O
K  Ω  K  Q  X  E  Λ  Ό  S  T  E  Π  Ά  P  N
Π  P  Ό  Θ  Y  M  A  Ί  T  P  P  Ή  P  Γ  T
I  Y  M  G  Σ  Y  Ί  M  O  Ό  Δ  T  Ώ  A  Ό
D  M  A  D  Ή  D  Λ  G  N  Z  Ί  P  Σ  Z  B
L  M  K  I  N  V  H  R  Y  S  Z  L  E  Ό  O
I  Y  P  G  A  J  N  U  Δ  J  O  B  T  M  Y
R  H  Ύ  Q  Y  D  Π  Ά  N  K  Y  Π  E  E  P
I  D  S  R  T  Z  Y  R  Ί  D  N  L  P  N  T
Φ  Θ  A  P  M  Έ  N  A  K  H  K  F  L  O  Σ
W  Z  Z  Ω  Γ  P  A  Φ  Ί  Σ  E  I  Y  Σ  A
Σ  Y  P  T  Ά  P  I  E  Π  Ί  Θ  E  Σ  H  M
```

ΕΠΊΘΕΣΗ
ΠΡΌΘΥΜΑ
ΚΕΡΔΊΖΟΥΝ
ΧΥΜΌ
ΑΝΉΣΥΧΟΙ
ΥΠΝΗΛΊΑ
ΦΘΑΡΜΈΝΑ
ΠΥΚΝΆ
ΣΙΩΠΉ
ΕΡΓΑΖΌΜΕΝΟΣ

ΣΥΡΤΆΡΙ
ΚΊΝΔΥΝΟ
ΧΑΛΑΡΏΣΕΤΕ
ΜΥΡΩΔΙΆ
ΟΔΟΝΤΌΒΟΥΡΤΣΑ
ΖΩΓΡΑΦΊΣΕΙ
ΓΚΡΙ
ΜΑΚΡΎ
ΒΙΒΛΊΟ
ΛΟΥΤΡΌ

Puzzle 64

```
Κ  Π  Ρ  Ο  Σ  Π  Α  Θ  Ε  Ί  L  F  Φ  F  Η
Α  Μ  Υ  Ρ  Δ  Ί  F  Β  Ο  Τ  Σ  Ω  Ρ  Ρ  Ά
Ρ  Κ  Ρ  V  F  J  S  Ά  U  U  Ζ  Ε  Ά  L  I
Α  Η  U  I  Ε  Σ  Ύ  Ε  Ν  Π  Μ  Ε  Ο  Χ  Τ
Μ  Β  R  I  D  Ο  Ρ  Ο  R  Ο  Α  Ο  Υ  Ε  Ω
Έ  Ζ  Ο  Β  U  U  Η  Ζ  Κ  Υ  I  J  Λ  Ί  Φ
Λ  Μ  J  Α  Π  Α  Λ  Έ  Σ  Ρ  Υ  Ξ  Α  Λ  Ό
Α  I  Λ  Ύ  Γ  Γ  Ο  Γ  Β  F  Ί  G  Η  Ο  Μ
Κ  Υ  Β  Έ  Ρ  Ν  Η  Σ  Η  V  Σ  Σ  Q  Σ  Σ
Ρ  U  I  Α  Τ  Ν  Ύ  Ο  Ρ  Η  Τ  Α  I  Δ  Υ
Α  Π  Α  Σ  Χ  Ο  Λ  Η  Μ  Έ  Ν  Ο  Σ  Μ  Θ
I  C  Μ  Ν  D  Υ  Q  Ά  Τ  Α  Μ  Ε  Ί  Ο  Η
J  D  Ή  C  Q  R  Δ  Q  Κ  Κ  Β  V  R  Η  Λ
Ή  Ο  Ρ  Ρ  Α  I  Δ  Υ  Ζ  Ν  Α  F  Β  U  Π
```

ΊΔΡΥΜΑ	ΣΗΜΆΔΙ
ΔΙΑΤΗΡΟΎΝΤΑΙ	ΚΥΒΈΡΝΗΣΗ
ΡΉΜΑ	ΦΡΆΟΥΛΑ
ΧΕΊΛΟΣ	ΚΑΡΑΜΈΛΑ
ΑΠΑΣΧΟΛΗΜΈΝΟΣ	ΤΑΜΕΊΟ
ΑΠΑΛΈΣ	ΆΡΡΩΣΤΟ
ΠΡΟΣΠΑΘΕΊ	ΆΝΟΙΞΗ
ΚΡΊΣΙΜΗ	ΠΛΗΘΥΣΜΌ
ΔΙΑΡΡΟΉ	ΦΩΤΙΆ
ΕΜΠΝΕΎΣΕΙ	ΓΟΓΓΎΛΙΑ

Puzzle 65

```
V  K  Σ  T  A  Θ  E  P  Ά  P  Ί  I  P  E  D
Δ  D  A  I  O  Π  Ά  K  N  O  T  Ί  P  T  O
Δ  I  H  O  U  G  X  G  K  M  Έ  X  P  I  I
E  Λ  Ά  N  Y  L  O  I  A  Ί  Σ  Θ  H  Σ  H
Ύ  M  K  Δ  Y  T  T  Ό  N  A  E  K  Ω  Ό  G
T  U  I  Q  P  K  Σ  Λ  H  Y  R  B  G  J  C
E  X  T  N  E  O  G  O  E  X  Θ  P  I  K  Ά
P  X  Z  Σ  W  X  M  Θ  Ύ  E  W  W  Y  W  Q
H  A  O  I  N  C  U  O  P  K  T  P  E  I  Σ
X  P  K  Ό  N  Δ  O  P  A  Σ  Ά  N  E  Σ  H
Π  E  Λ  E  Y  Θ  E  P  Ί  A  E  X  A  C  U
A  Π  A  P  A  Ί  T  H  T  A  X  V  M  V  O
X  F  Δ  H  M  I  O  Y  P  Γ  Ί  A  O  X  U
A  N  A  Z  H  T  O  Ύ  N  J  E  O  Y  H  O
```

ΚΌΝΔΟΡΑΣ
ΜΈΧΡΙ
ΣΤΑΘΕΡΆ
ΔΕΎΤΕΡΗ
ΘΟΛΌ
ΕΧΘΡΙΚΆ
ΑΝΑΖΗΤΟΎΝ
ΚΑΟΥΤΣΟΎΚ
ΔΗΜΙΟΥΡΓΊΑ
ΆΝΕΣΗ

ΔΙΆΔΡΟΜΟ
ΑΊΣΘΗΣΗ
ΤΡΕΙΣ
ΤΡΊΤΟ
ΠΡΟΣΕΚΤΙΚΟΊ
ΑΠΑΡΑΊΤΗΤΑ
ΩΚΕΑΝΌ
ΕΛΕΥΘΕΡΊΑ
ΕΊΧΕ
ΚΆΠΟΙΑ

Puzzle 66

```
Σ  Χ  Μ  Ά  Ρ  Κ  Ε  Σ  Χ  Ό  Ν  Ε  Ι  Ρ  Ο
Ό  Κ  Ι  Δ  Υ  Τ  Υ  Τ  Α  Η  R  U  O  P  M
Β  Ι  Α  Ζ  Β  J  L  L  Ρ  Ή  Θ  Ε  Λ  Ε  Ν
Μ  Ι  Τ  Π  Q  Ζ  Υ  Η  Ο  Π  Μ  Ό  Κ  U  Υ
C  A  B  Q  Ά  F  L  C  Ύ  R  S  T  V  P  O
R  F  C  Λ  R  N  W  Z  M  J  M  H  T  H  X
U  S  A  N  I  R  H  D  E  F  P  O  Σ  Σ  Έ
F  N  Y  Q  Z  O  R  H  N  Έ  M  A  T  E  T
K  Ύ  P  I  E  Σ  Θ  S  O  Ή  Q  L  J  Θ  E
Φ  Α  Σ  Ι  Α  Ν  Ό  Ή  Σ  L  X  T  O  Ό  M
E  Κ  Η  Τ  Σ  Ύ  O  Ρ  Κ  Γ  Υ  Σ  D  P  M
Δ  Ι  Δ  Ά  Σ  Κ  Ο  Υ  Ν  H  L  R  G  Π  Υ
Π  Ό  Δ  Ι  Ι  Φ  Ρ  Ο  Ν  Τ  Ί  Δ  A  U  Σ
Λ  Α  Σ  Π  Ω  Μ  Έ  Ν  Ο  Ί  Ε  Μ  Η  Σ  Χ
```

ΣΚΑΠΆΝΗ	ΧΑΡΟΎΜΕΝΟΣ
ΦΑΣΙΑΝΌ	ΌΝΕΙΡΟ
ΤΕΤΑΜΈΝΗ	ΔΙΔΆΣΚΟΥΝ
ΠΌΔΙ	ΉΘΕΛΕ
ΜΆΡΚΕΣ	ΦΡΟΝΤΊΔΑ
ΠΡΌΘΕΣΗ	ΚΌΜΠΟ
ΚΎΡΙΕΣ	ΤΟΜΉΣ
ΔΙΚΌ	ΛΑΣΠΩΜΈΝΟ
ΣΗΜΕΊΟ	ΒΙΒΛΙΟΘΉΚΗ
ΣΥΜΜΕΤΈΧΟΥΝ	ΣΥΓΚΡΟΎΣΤΗΚΕ

Puzzle 67

```
M  Δ  H  N  J  D  Ξ  D  H  P  E  Π  Π  K  P
P  Π  H  G  J  B  P  Έ  A  H  H  A  E  X  Ά
Σ  Y  O  M  W  V  S  U  N  C  V  N  P  C  Φ
X  T  T  Y  I  L  G  I  Έ  Ω  O  T  I  P  I
Έ  P  Σ  L  K  O  S  T  M  E  N  E  Σ  P  A
Δ  I  A  M  Ά  Ά  Y  G  E  E  I  Λ  Σ  P  Φ
I  Ά  Γ  E  Π  H  Λ  P  Δ  J  J  Ό  Ό  Z  A
O  N  I  T  A  W  A  I  Γ  Q  D  N  T  Ώ  I
N  T  Έ  A  K  R  D  J  A  Ή  Y  I  E  Ω  P
R  A  P  Ξ  O  V  D  X  M  L  Σ  A  P  N  Έ
O  Ή  A  Ύ  Δ  I  Ά  Σ  H  M  O  E  O  A  Σ
O  M  O  Σ  Π  O  N  Δ  I  A  K  Ή  I  R  T
B  O  Ξ  Ξ  E  T  Ά  Σ  E  I  G  Q  V  E  E
N  Δ  P  X  A  B  D  O  I  M  Έ  Λ  Λ  O  N
```

ΞΈΝΩΝ	ΜΈΛΛΟΝ
ΜΕΤΑΞΎ	ΔΗΜΙΟΥΡΓΉΣΕΙ
ΡΆΦΙ	ΠΑΝΤΕΛΌΝΙΑ
ΚΑΠΆΚΙ	ΖΏΩΝ
ΔΙΆΣΗΜΟ	ΔΕΜΈΝΑ
ΤΣΑΓΙΈΡΑ	ΜΠΟΥΚΆΛΙΑ
ΤΡΙΆΝΤΑ	ΠΕΡΙΣΣΌΤΕΡΟ
ΓΙΑ	ΕΞΕΤΆΣΕΙ
ΣΧΈΔΙΟ	ΑΦΑΙΡΈΣΤΕ
ΔΟΜΉ	ΟΜΟΣΠΟΝΔΙΑΚΉ

Puzzle 68

```
Π  Κ  Β  Λ  Έ  Μ  Μ  Α  Σ  Ν  Α  Ν  R  Π  Ε
Ρ  Ε  Ρ  G  R  Ο  Η  Σ  Υ  Λ  Ί  Π  Ε  Α  Κ
Ο  Φ  R  Ζ  Ε  Ν  Q  Ο  Ο  Q  Κ  D  S  Ρ  Χ
Η  Ά  Α  Β  Ζ  Κ  Ζ  Μ  Έ  Α  Ι  Ο  Ν  Α  Ω
Γ  Λ  Α  S  D  Ί  Η  R  Ν  V  Λ  Ρ  Τ  Τ  Ρ
Ο  Ι  D  Η  Φ  Β  V  Π  Ο  Χ  Η  Ε  Α  Η  Ή
Ύ  L  G  Μ  Χ  Υ  G  Ρ  F  Ρ  Λ  Η  Ι  Ρ  Σ
Μ  Ρ  Α  Ο  L  Ο  Η  Ο  W  Ε  Ν  Ζ  Σ  Ο  Ε
Ε  Ρ  Μ  Δ  Μ  Λ  U  Σ  Ί  Ν  G  Μ  Τ  Ύ  Ι
Ν  U  Ύ  Β  Q  Κ  Χ  Ω  Σ  Π  Ο  Ρ  Ύ  Μ  Τ
Ο  U  Κ  Έ  Α  Ή  Μ  Π  Q  W  D  J  Ο  Ε  Χ
W  J  Α  R  Μ  Α  Α  Ι  Ρ  Θ  Ί  Α  Π  Υ  Β
S  Ά  Ρ  Α  Σ  Τ  Α  Κ  R  L  D  V  Α  Τ  V
Π  Α  Ρ  Ω  Δ  Ί  Α  Ά  F  Κ  D  F  Π  D  Ε
```

ΠΑΡΩΔΊΑ
ΝΈΟΥΣ
ΠΑΡΑΤΗΡΟΎΜΕ
ΣΠΟΡ
ΚΕΦΆΛΙ
ΚΎΜΑ
ΣΧΉΜΑ
ΗΛΙΚΊΑ
ΠΡΟΗΓΟΎΜΕΝΟ
ΠΡΟΣΩΠΙΚΆ

ΥΠΑΊΘΡΙΑ
ΚΑΤΣΑΡΆ
ΕΚΧΩΡΉΣΕΙ
ΡΑΜΦΊΖΟΥΝ
ΠΑΠΟΎΤΣΙΑ
ΒΛΈΜΜΑ
ΚΛΟΥΒΊ
ΤΕΛΕΊΩΜΑ
ΈΒΔΟΜΗ
ΕΠΊΛΥΣΗ

Puzzle 69

```
E  E  U  B  B  U  P  D  A  P  S  A  Δ  T  T
Ό  N  I  E  T  O  K  Σ  R  O  P  Ξ  E  O  P
O  M  Ά  J  V  V  G  E  A  Δ  D  I  K  Λ  Ό
B  O  Ύ  P  T  Σ  A  Λ  Ί  Ά  Q  Ό  A  M  Π
A  I  M  A  T  E  I  Λ  A  K  N  Π  E  H  O
T  N  A  C  Y  E  O  Ά  I  I  A  I  T  P  Σ
D  R  A  K  K  A  M  I  T  N  Έ  Σ  Ί  Έ  E
L  E  F  Φ  Y  C  Ό  X  N  O  Y  T  A  Σ  Δ
B  K  J  F  Έ  X  J  R  A  E  R  H  D  H  Ά
W  K  Y  Z  X  P  Y  R  Γ  A  A  Y  W  O  I
X  Ά  P  A  K  A  E  A  I  J  Δ  E  N  I  Δ
G  E  J  G  K  T  Y  T  Γ  I  C  F  Q  Y  E
A  Y  Λ  Ή  P  K  J  X  A  G  X  W  U  Z  Π
O  I  K  O  N  O  M  Ί  A  I  Λ  A  B  Ή  M
```

ΑΞΙΌΠΙΣΤΗ	ΜΙΑ
ΧΆΡΑΚΑ	ΔΕΚΑΕΤΊΑ
ΒΟΎΡΤΣΑ	ΑΝΑΦΈΡΕΤΑΙ
ΑΥΛΉ	ΟΙΚΟΝΟΜΊΑ
ΤΟΛΜΗΡΈΣ	ΈΝΤΙΜΑ
ΡΟΔΆΚΙΝΟ	ΆΛΛΕΣ
ΔΕΝ	ΣΚΟΤΕΙΝΌ
ΌΜΟΙΑ	ΜΕΤΡΆΝΕ
ΠΕΔΙΆΔΕΣ	ΤΡΌΠΟΣ
ΛΑΒΉ	ΓΙΓΑΝΤΙΑΊΑ

Puzzle 70

```
Κ Ά Λ Τ Σ Ε Σ Κ Ο Υ Δ Ο Ύ Ν Ι
Ε Π Α Ν Ε Ξ Έ Τ Α Σ Η Ρ Μ Α Α
G Α Λ Ό Π Α Ρ Ά Γ Ρ Α Φ Ο Ί Π
Β Ρ Ο Χ Ο Π Τ Ώ Σ Ε Ι Σ Λ Σ Ά
Κ Έ Λ D Μ Β Τ Μ Ι Ε F Ι W Α Ρ
Κ Μ Ύ Κ C W Ί C C Ε Κ Χ Ρ Ρ Κ
Η Η Ξ Α Τ Ι C Τ Ι Ι U Ε Η Ο
Μ Ο Υ Σ Ι Κ Ή Ο Ο C V G Κ Ξ U
Α R Ι Ρ Τ V Ί Π L Μ Ο U Q Ρ J
Ν F Α Χ Ι Ε Σ Ή Ρ Ω Ε Θ Ι Π Ε
Ά Η F Η Β Δ Ι Α Τ Α Ρ Ά Ξ Ε Ι
Γ Υ Ε Α Μ Ι Μ Ο Γ Δ Ό Ν Τ Α Μ
Κ Β Ρ Β J L R Έ Σ Π Ρ Ω Ξ Ε D
Η Β C J Ε Π Ι Λ Ο Γ Ή Q Α Q L
```

ΗΜΈΡΑ	ΕΠΙΛΟΓΉ
ΟΓΔΌΝΤΑ	ΚΟΥΔΟΎΝΙ
ΔΙΑΤΑΡΆΞΕΙ	ΕΠΙΘΕΩΡΉΣΕΙ
ΚΆΛΤΣΕΣ	ΠΟΙΚΙΛΊΑ
ΞΎΛΟ	ΑΝΆΓΚΗ
ΈΣΠΡΩΞΕ	ΜΟΥΣΙΚΉ
ΞΗΡΑΣΊΑ	ΌΛΑ
ΒΡΑΒΕΊΟ	ΠΆΡΚΟ
ΠΑΡΆΓΡΑΦΟ	ΕΠΑΝΕΞΈΤΑΣΗ
ΒΡΟΧΟΠΤΏΣΕΙΣ	ΜΟΤΊΒΟ

Puzzle 71

```
M  Y  A  Λ  Ό  E  H  T  H  Λ  Ά  Γ  E  M  Ή
Ψ  U  M  M  N  K  L  T  X  Ω  N  É  Ψ  E  I
E  Ω  Y  J  T  N  Ά  Π  Λ  Ή  Γ  M  A  A  Γ
Y  Ὼ  N  E  O  Γ  O  P  T  K  S  U  Ή  W  Y
Δ  I  Ή  Ά  P  F  X  A  Σ  T  É  P  I  A  E
E  B  M  E  Π  E  Ί  Σ  E  I  Θ  C  Π  E  Π
Ί  T  N  B  E  C  O  K  Y  E  Q  X  Ά  T  A
Σ  Y  N  B  U  M  T  Z  Q  Q  H  N  Λ  Π  N
Σ  Σ  Y  N  H  Θ  I  Σ  M  É  N  H  Y  P  É
K  U  K  X  Y  W  Σ  E  C  T  O  M  O  Ά  Λ
E  J  C  E  T  P  Ά  A  L  J  H  B  T  Γ  Θ
L  C  Q  H  É  B  P  O  Y  Y  T  D  N  M  E
F  B  S  R  Λ  I  E  T  W  C  H  Y  H  A  I
E  C  K  P  H  D  K  Z  P  X  Y  F  H  Z  L
```

ΥΓΙΉ　　　　　　　　ΤΈΛΗ
ΠΛΉΓΜΑ　　　　　　ΜΉΝΥΜΑ
ΣΥΝΗΘΟΙΣΜΈΝΗ　　ΤΟΊΧΟ
ΠΕΊΣΕΙ　　　　　　ΑΣΤΈΡΙΑ
ΕΠΑΝΈΛΘΕΙ　　　　ΠΆΝΩ
ΜΕΓΆΛΗ　　　　　　ΠΡΆΓΜΑ
ΕΝΏ　　　　　　　　ΣΥΝΕΡΓΆΤΗ
ΨΕΥΔΕΊΣ　　　　　ΉΡΘΕ
ΝΤΟΥΛΆΠΙ　　　　　ΚΕΡΆΣΙ
ΧΩΝΈΨΕΙ　　　　　ΜΥΑΛΌ

Puzzle 72

```
Θ  Q  Σ  O  Φ  O  P  T  N  Ύ  Σ  E  G  O  Σ
E  F  U  F  B  Q  W  T  T  T  P  Ώ  E  I  T
Ω  H  U  Σ  Ό  K  I  M  O  N  Y  T  Σ  A  A
P  Ξ  A  P  P  A  T  C  Y  E  F  K  H  W  Φ
Ί  I  T  Y  P  Ί  Π  P  Σ  O  Y  N  N  L  Ύ
A  E  P  O  E  I  H  Ό  O  S  D  D  Π  A  Λ
Z  Δ  Y  D  N  G  X  W  Λ  Π  J  B  Ύ  Γ  I
N  Ό  H  Ό  P  O  Ύ  X  A  Y  I  L  Ξ  O  A
I  Π  Γ  A  Φ  H  Γ  H  T  Ή  T  K  K  P  Ί
R  A  Π  P  O  T  I  M  O  Ύ  N  O  Ό  Ά  T
B  A  Ξ  I  O  Λ  Ό  Γ  H  Σ  H  N  M  B  I
E  N  Θ  O  Y  Σ  I  A  Σ  M  Έ  N  O  Σ  A
Π  E  P  I  Λ  A  M  B  Ά  N  E  I  D  L  W
P  S  M  T  R  R  V  Z  Q  Q  X  J  M  S  U
```

ΞΎΠΝΗΣΕ   ΝΤΟΥΣ
ΑΣΤΥΝΟΜΙΚΌΣ   ΑΦΗΓΗΤΉ
ΤΡΏΕΙ   ΑΠΌΔΕΙΞΗ
ΑΞΙΟΛΌΓΗΣΗ   ΤΥΡΊ
ΘΕΩΡΊΑ   ΣΎΝΤΡΟΦΟΣ
ΠΡΟΤΙΜΟΎΝ   ΡΟΎΧΑ
ΠΕΡΙΛΑΜΒΆΝΕΙ   ΑΠΌΛΥΤΟ
ΣΤΑΦΎΛΙΑ   ΑΓΟΡΆ
ΕΝΘΟΥΣΙΑΣΜΈΝΟΣ   ΒΑΓΌΝΙ
ΑΙΤΊΑ   ΤΡΟΠΙΚΌ

Puzzle 73

```
X  S  G  P  O  Λ  Ό  I  S  L  Ό  Ό  N  Σ  Π
K  Θ  G  D  T  C  L  A  O  K  X  Π  V  O  Λ
C  B  E  D  A  L  Z  F  I  X  Ό  Λ  A  B  O
F  E  W  Σ  K  Z  K  T  Y  G  K  O  Σ  A  Ή
E  Σ  I  N  Έ  T  A  Έ  Δ  I  E  F  H  P  Γ
I  P  O  G  Δ  M  Σ  Π  E  F  Ϊ  B  M  Ό  H
N  C  E  B  E  N  Y  N  M  Z  U  L  Έ  N  Σ
Ό  F  D  Θ  E  G  O  M  M  Ά  Q  O  N  Z  H
K  I  O  R  F  U  Θ  N  J  S  Λ  A  I  O  D
Λ  Π  C  I  E  Σ  Ί  Π  O  T  K  E  A  Y  M
A  X  U  K  Ή  N  A  T  N  Ω  Z  Q  A  Z  Y
Π  A  Λ  Λ  H  Λ  O  G  P  A  Φ  Ί  A  J  M
M  R  P  A  Δ  I  Ό  Φ  Ω  N  O  X  K  T  I
U  M  E  T  A  Ξ  Έ  N  I  A  H  T  Z  O  R
```

ΔΈΚΑΤΟ	ΜΕΤΑΞΈΝΙΑ
ΧΌΚΕΪ	ΡΑΔΙΌΦΩΝΟ
ΕΚΤΟΠΊΣΕΙ	ΜΠΑΛΚΌΝΙ
ΛΆΜΠΑ	ΖΩΝΤΑΝΉ
ΑΣΗΜΈΝΙΑ	ΆΜΜΟ
ΠΛΟΉΓΗΣΗ	ΑΠΟΘΕΜΑΤΙΚΌ
ΌΠΛΟ	ΣΟΒΑΡΌ
ΑΊΘΟΥΣΑ	ΑΛΛΗΛΟΓΡΑΦΊΑ
ΙΔΈΑ	ΤΈΝΙΣ
ΡΟΛΌΙ	ΧΘΕΣ

Puzzle 74

```
Λ  C  M  Q  M  Σ  E  I  O  M  Ό  P  A  Π  R
E  Z  T  H  N  Y  V  E  M  E  M  U  M  S  Z
M  N  Δ  N  X  Γ  C  Z  Y  A  P  B  Ή  F  A
O  Έ  E  Q  U  X  R  Ί  K  X  O  N  Σ  I  Π
N  U  Z  K  T  A  E  M  R  M  K  Q  P  E  A
Ά  G  G  Q  K  P  D  Y  F  H  Z  Ύ  A  T  P
Δ  N  D  H  W  Ώ  B  Θ  H  H  M  N  Λ  Y  Ά
A  H  T  K  I  Λ  Έ  Y  E  M  Ώ  Ά  Ύ  M  Δ
T  S  N  Έ  L  A  Y  O  I  W  T  O  H  E
Σ  Ά  I  Λ  H  Π  Σ  T  A  Z  O  O  Δ  Γ  I
Ί  W  Z  Y  B  N  A  U  B  N  H  M  P  O  Γ
Λ  A  W  Φ  Q  K  A  Λ  Ά  T  I  A  A  P  M
V  H  P  O  E     X  A  M  H  Λ  Ή  K  Ί  A
X  Z  W  Σ  P  E  Ύ  M  A  T  O  Σ  R  A  H
```

ΣΉΜΑ	ΑΙΏΝΑ
ΑΛΆΤΙ	ΚΈΛΥΦΟΣ
ΚΟΡΜΌ	ΡΕΎΜΑΤΟΣ
ΆΤΟΜΑ	ΕΥΈΛΙΚΤΗ
ΠΑΡΌΜΟΙΕΣ	ΠΑΡΆΔΕΙΓΜΑ
ΧΑΜΗΛΉ	ΚΑΡΔΟΎΛΑ
ΜΗΔΈΝ	ΛΊΣΤΑ
ΛΕΜΟΝΆΔΑ	ΘΥΜΊΖΕΙ
ΣΠΗΛΙΆ	ΣΥΓΧΑΡΏ
ΕΤΥΜΗΓΟΡΊΑ	ΕΚΑΤΟΜΜΎΡΙΑ

Puzzle 75

```
Θ  Σ  Υ  Ν  Ο  Μ  Ι  Λ  Ί  Α  Ι  Σ  Ή  Τ  Ε
Α  Ε  Τ  U  Ο  Κ  J  Q  Ε  Ζ  Ρ  Η  Ζ  Μ  Θ
Π  Σ  P  U  I  G  Β  Π  Ο  G  Τ  W  V  Β  Ε
Ε  Ο  Α  Μ  Γ  Ι  Ί  Κ  Ι  Π  Ε  Υ  Ρ  Τ  Λ
Λ  Κ  Π  Ε  Ό  Π  Μ  Ι  Ύ  Υ  Ν  Χ  S  G  Ο
Ε  Ο  Μ  Μ  Λ  Τ  Ι  Λ  Κ  Ο  Ρ  Ά  Κ  Ι  Ν
Υ  Λ  Ο  Ω  Ι  Ι  Η  Σ  Ι  Ν  Ά  Φ  Μ  Ε  Τ
Θ  Ά  Ν  Π  Ξ  Ε  Υ  Τ  Ρ  Β  Ά  Ρ  Κ  Α  Ι
Έ  Τ  Ο  Ε  Ε  Σ  Ό  Λ  Α  Π  Ο  Ρ  Τ  Ν  Κ
Ρ  Α  C  Ρ  Λ  Ή  Ε  F  Η  Σ  Ζ  Α  L  Κ  Ή
Ω  Κ  Κ  Ι  Κ  Θ  Σ  Τ  Ε  Ρ  Ή  Σ  Ε  Ι  S
Σ  Ο  C  Ο  Ζ  Η  Κ  Υ  Τ  Τ  Ά  Ρ  Ω  Ν  Κ
Η  Ρ  L  Χ  U  Ο  Ε  Ξ  Ά  Π  Λ  Ω  Σ  Η  Χ
Σ  V  C  Ή  Ζ  Β  Α  Ρ  Κ  Ο  Υ  Δ  Ά  Κ  Ι
```

ΜΠΑΡ	ΕΜΦΆΝΙΣΗ
ΠΎΛΗ	ΝΤΡΟΠΑΛΌΣ
ΒΟΗΘΉΣΕΙ	ΑΠΕΛΕΥΘΈΡΩΣΗΣ
ΑΡΚΟΥΔΆΚΙ	ΛΕΞΙΛΌΓΙΟ
ΣΤΕΡΉΣΕΙ	ΕΤΉΣΙΑ
ΕΘΕΛΟΝΤΙΚΉ	ΠΕΡΙΟΧΉ
ΚΥΤΤΆΡΩΝ	ΕΠΊΠΛΩΝ
ΘΕΡΜΌΤΗΤΑΣ	ΕΞΆΠΛΩΣΗ
ΒΆΡΚΑ	ΣΟΚΟΛΆΤΑ
ΣΥΝΟΜΙΛΊΑ	ΚΟΡΆΚΙ

Puzzle 76

```
Z  Φ  N  R  J  Ξ  D  E  Γ  Ρ  Α  Σ  Ί  Δ  Ι
C  E  Ω  U  K  Ω  V  E  E  D  K  W  D  A  G
B  O  K  N  W  T  Ό  N  O  M  A  N  R  U  A
H  X  Υ  Σ  Ή  I  M  R  D  D  K  Ώ  K  E  Σ
M  T  K  T  W  K  F  N  E  B  L  I  H  Ώ  Ή
Π  Ύ  A  Y  W  Ό  Ρ  O  O  M  I  Σ  Ύ  Λ  Π
A  Π  Λ  T  E  Ρ  Λ  M  Π  L  A  A  R  A  O
N  O  Ά  C  N  E  Υ  Ό  Ω  Ί  D  Γ  M  K  K
Ά  Y  Θ  Ρ  Γ  Ρ  N  Σ  Q  Z  Ρ  O  A  A
N  C  I  Ό  S  L  B  A  Ό  Q  A  E  L  Ρ  I
A  A  M  K  K  G  Γ  E  Ρ  J  Y  Y  U  A  Δ
T  A  Q  E  N  Ρ  G  H  Π  Έ  Σ  T  Y  Π  Q
X  K  A  Ρ  E  Σ  Y  Γ  K  Λ  Ό  N  I  Σ  E
A  M  E  T  A  Π  T  Y  X  I  A  K  Ό  A  Q
```

ΧΑΜΌΓΕΛΟ	ΠΑΡΑΚΑΛΏ
ΡΕΚΌΡ	ΤΣΈΠΗ
ΠΛΎΣΙΜΟ	ΝΌΜΟ
ΕΡΓΑΣΙΏΝ	ΕΡΓΑΣΊΑΣ
ΣΥΓΚΛΌΝΙΣΕ	ΦΩΝΉ
ΓΡΑΣΊΔΙ	ΞΩΤΙΚΌ
ΔΙΑΚΟΠΉΣ	ΉΣΥΧΗ
ΤΎΠΟΥ	ΚΑΛΆΘΙ
ΜΕΤΑΠΤΥΧΙΑΚΌ	ΠΡΌΣΩΠΟ
ΜΠΑΝΆΝΑ	ΌΝΟΜΑ

Puzzle 77

```
O  G  Σ  O  Π  Ω  P  Θ  N  Ά  O  Σ  Έ  T  E
M  Z  Ό  I  P  Ω  X  Σ  N  I  F  T  Δ  U  Π
F  U  F  E  D  Θ  G  E  O  V  N  A  A  A  A
F  W  Ί  Σ  O  C  O  T  N  Y  Y  Δ  Φ  L  Γ
P  J  E  Ύ  C  P  A  Γ  O  R  C  I  O  T  Γ
C  Σ  T  O  P  F  I  X  P  D  W  A  Σ  T  E
L  A  Σ  K  C  K  P  W  W  A  C  K  N  A  Λ
O  Ί  I  A  Ά  Ά  N  Z  Ί  Φ  Ή  I  A  M
S  P  N  F  Π  P  M  J  G  B  U  Ί  L  T  A
T  I  A  Y  Q  Y  A  H  W  P  K  T  A  O  T
N  E  Φ  T  S  E  Λ  Π  A  T  Έ  P  A  M  I
L  Π  M  S  Ά  Λ  A  Z  Ύ  O  Λ  Π  M  I  K
Q  M  E  X  C  Π  K  R  B  P  D  L  S  K  Ή
G  E  Σ  A  Π  Σ  Έ  Γ  K  Λ  H  M  A  Ή  K
```

ΈΔΑΦΟΣ   ΥΠΆΡΧΟΥΝ
ΠΑΤΈΡΑ   ΕΜΦΑΝΙΣΤΕΊ
ΟΡΑΤΆ   ΣΕΤ
ΈΣΠΑΣΕ   ΠΛΕΥΡΆ
ΕΠΑΓΓΕΛΜΑΤΙΚΉ ΕΜΠΕΙΡΊΑΣ
ΑΚΟΎΣΕΙ   ΆΝΘΡΩΠΟΣ
ΚΑΛΑΜΆΡΙΑ   ΈΓΚΛΗΜΑ
ΒΊΑ   ΟΡΘΟΓΡΑΦΊΑ
ΣΤΑΔΙΑΚΉ   ΜΠΛΟΎΖΑ
ΑΤΟΜΙΚΉ   ΧΩΡΙΌ

Puzzle 78

```
Μ  Α  Έ  Α  Σ  Α  Α  Ο  Α  Α  F  Ν  Β  Υ  Σ
Κ  Γ  Ρ  Ξ  Υ  Ν  Ν  J  R  Ν  S  U  Α  Γ  Υ
Ε  Ό  Θ  Ι  Γ  Τ  Α  G  Υ  Ι  Ό  Δ  Η  Ρ  Ν
S  Ρ  Ε  Ο  Κ  Ί  Π  Q  Ε  U  Ε  Η  Κ  Ό  Ε
Π  Α  Ι  Λ  Ρ  Κ  Τ  Μ  R  Ι  Ή  Η  Τ  Ο  Ρ
Ρ  Σ  Η  Ο  Ό  Ε  Ύ  Ε  Ά  Λ  Ρ  J  D  Η  Γ
Ό  Ε  Υ  Γ  Τ  Σ  Ξ  Σ  Έ  Ι  Π  Τ  Ο  F  Ά
Σ  Ε  G  Ε  Η  Q  Ε  Ε  V  Υ  Μ  Η  Ζ  Β  Ζ
Κ  Ν  Η  Ί  Μ  Ι  Ι  Υ  S  Β  Α  Β  Υ  Q  Ο
Λ  Q  Υ  L  Α  Δ  Α  Κ  Τ  Ύ  Λ  Ι  Ο  Σ  Ν
Η  Β  Ί  Σ  Ο  Ν  Ε  Σ  Ρ  Ά  Β  Ω  Ρ  Κ  Τ
Σ  Η  Ε  Σ  Τ  Ι  Α  Τ  Ό  Ρ  Ι  Ο  Ώ  U  Α
Η  Ζ  Χ  Κ  Α  Λ  Π  Α  Σ  Μ  Ό  Σ  Δ  S  Ι
Σ  Τ  Α  Κ  Τ  Ο  Π  Ο  Ι  Η  Μ  Έ  Ν  Ο  Q
```

ΥΓΡΌ
ΣΥΓΚΡΌΤΗΜΑ
ΡΆΒΩ
ΑΞΙΟΛΟΓΕΊ
ΒΊΣΟΝΕΣ
ΣΥΝΕΡΓΆΖΟΝΤΑΙ
ΑΝΌΗΤΗ
ΔΑΚΤΎΛΙΟΣ
ΠΡΌΣΚΛΗΣΗΣ
ΚΑΛΠΑΣΜΌΣ

ΛΈΕΙ
ΑΝΑΠΤΎΞΕΙ
ΛΑΜΠΡΉ
ΔΏΡΟΥ
ΑΔΕΙΆΣΕΙ
ΈΡΘΕΙ
ΤΑΚΤΟΠΟΙΗΜΈΝΟ
ΑΓΌΡΑΣΕ
ΕΣΤΙΑΤΌΡΙΟ
ΑΝΤΊΚΕΣ

Puzzle 79

```
Α  Ν  Ά  Γ  Ν  Ω  Σ  Η  Σ  W  Π  Α  Ε  Σ  Ο
W  Ο  Β  Μ  Ή  Τ  Η  Λ  Ω  Π  Ρ  Ν  Μ  Υ  Ι
Υ  Ι  F  Ά  U  V  Σ  Σ  Ο  Υ  Α  Α  Π  Ν  Κ
Τ  Ε  G  Θ  G  Ν  Υ  Υ  Ρ  Μ  Γ  Τ  Ό  Έ  Ο
Χ  Β  Β  Η  Ι  Τ  Ε  Σ  G  Ε  Μ  Ο  Ρ  Ν  Γ
Ο  Ά  Σ  Μ  Π  Ί  Δ  Τ  Α  Γ  Α  Λ  Ι  Τ  Έ
Μ  Λ  Α  Α  Ά  Γ  Ί  Ή  Ν  Α  Τ  Ι  Ο  Ε  Ν
Έ  Λ  Ί  Ε  Γ  Ρ  Α  Μ  Ώ  Λ  Ι  Κ  Α  Υ  Ε
Τ  Υ  Ε  Σ  Ο  Η  Π  Α  Τ  Ώ  Κ  Ά  Ζ  Ξ  Ι
Ρ  Σ  Ι  Β  Θ  Σ  Κ  Τ  Ε  Σ  Ό  Ν  Χ  Η  Ε
Ι  Ρ  Λ  W  U  Η  Ε  Ο  Ρ  Ε  Τ  G  V  Ν  Σ
Α  R  Α  F  R  Υ  Σ  Σ  Ο  Ι  Η  Μ  Ό  Κ  Α
D  C  G  V  Ν  Ζ  Ι  Η  Σ  Η  Τ  Β  F  U  P
Π  Ι  Λ  Ο  Τ  Ι  Κ  Ά  Σ  C  Α  C  Ν  Ο  G
```

ΑΝΑΤΟΛΙΚΆ
ΑΚΌΜΗ
ΑΝΏΤΕΡΟΣ
ΣΥΛΛΆΒΕΙ
ΑΝΆΓΝΩΣΗΣ
ΠΩΛΗΤΉ
ΜΕΓΑΛΏΣΕΙ
ΕΜΠΌΡΙΟ
ΜΈΤΡΙΑ
ΟΙΚΟΓΈΝΕΙΕΣ

ΠΆΓΟ
ΣΥΣΤΉΜΑΤΟΣ
ΠΙΛΟΤΙΚΆ
ΕΚΠΑΊΔΕΥΣΗΣ
ΠΡΑΓΜΑΤΙΚΌΤΗΤΑ
ΟΛΊΣΘΗΣΗΣ
ΑΛΙΕΊΑΣ
ΣΥΝΈΝΤΕΥΞΗ
ΤΊΓΡΗΣ
ΜΆΘΗΜΑ

Puzzle 80

```
M  Π  O  P  E  Ί  T  E  H  S  Θ  B  Λ  Π  S
E  A  Ί  Γ  O  Λ  O  M  O  Σ  Έ  I  Ί  E  A
E  Π  I  T  P  O  Π  Ή  Σ  O  Λ  O  Γ  P  Π
C  Π  M  Λ  S  J  D  N  Ω  M  E  M  O  I  O
Y  R  O  Y  Ά  C  F  P  Σ  A  I  H  K  Π  X
F  J  N  Λ  V  B  X  Q  T  T  Σ  X  O  E  Ω
S  Q  U  R  I  X  Y  A  Ή  Ό  O  A  I  T  P
A  N  Ώ  Φ  Y  T  T  O  K  Π  Θ  N  N  E  Ή
Σ  X  Έ  Σ  H  G  I  I  B  O  E  Ί  Ω  I  Σ
P  D  X  M  N  E  Δ  K  Y  Π  Γ  A  N  Ώ  E
X  K  I  V  L  I  O  K  Ή  Π  Έ  F  Ί  Δ  I
A  S  Ό  N  E  Q  V  S  R  I  M  P  A  H  B
Σ  H  N  Ύ  Σ  O  T  Σ  I  Π  M  E  Σ  S  E
Y  Q  I  E  N  Δ  I  A  Φ  Έ  P  O  N  A  C
```

ΠΟΛΙΤΙΚΉ
ΕΝΔΙΑΦΈΡΟΝ
ΣΩΣΤΉ
ΜΈΓΕΘΟΣ
ΚΟΙΝΩΝΊΑΣ
ΒΟΥΒΆΛΙΑ
ΛΊΓΟ
ΕΙΔΙΚΌΣ
ΠΕΡΙΠΕΤΕΙΏΔΗ
ΣΧΈΣΗ

ΧΙΌΝΙ
ΤΥΦΏΝΑ
ΘΈΛΕΙ
ΟΜΟΛΟΓΊΑ
ΕΜΠΙΣΤΟΣΎΝΗΣ
ΒΙΟΜΗΧΑΝΊΑ
ΜΠΟΡΕΊΤΕ
ΙΠΠΟΠΌΤΑΜΟΣ
ΕΠΙΤΡΟΠΉ
ΑΠΟΧΩΡΉΣΕΙ

Puzzle 81

```
Α  Π  Π  Υ  Ρ  Ο  Σ  Β  Έ  Σ  Τ  Η  Σ  Β  Ε
Μ  Υ  Ρ  W  Η  Ρ  Υ  Α  Τ  Ρ  Ύ  Π  Α  Ι  Γ
Α  Ν  Ύ  Ο  Χ  Υ  Σ  Η  Ν  Α  V  Α  W  Α  Ρ
S  L  J  Α  Τ  Η  Τ  Ό  Ν  Α  Κ  Ι  Κ  Σ  Ή
Τ  U  Ν  Α  Σ  Ε  J  G  Ο  S  Ό  Σ  Ο  Ύ  Γ
Κ  Ρ  S  Μ  Α  Ν  Ί  Η  Τ  Ν  D  Ή  Κ  Ν  Ο
Έ  Ν  Ο  Α  Ν  Α  Λ  Ν  Υ  Ο  Μ  Λ  Τ  Η  Ρ
Ρ  Ι  J  Φ  Ρ  R  Β  Ο  Ο  Α  Μ  Α  Έ  Θ  Σ
Δ  Α  Μ  Η  Ί  Ζ  Β  Ε  W  Υ  U  Φ  Ι  Τ  Η
Ι  Α  L  Τ  J  Μ  Ο  Ν  Λ  Ζ  Ν  Σ  Λ  Η  Σ
Σ  Ο  Κ  Ά  Ρ  Δ  Ω  Τ  L  J  Ζ  Ι  Δ  Ί  Φ
Ε  Ξ  Έ  Χ  Α  Σ  Α  Ν  V  V  Ή  Π  Ι  Ρ  Μ
Ζ  U  Ο  Ι  F  D  Μ  Π  Ά  Σ  Κ  Ε  Τ  Α  Ε
Υ  Π  Ε  Ρ  Α  Σ  Π  Ι  Σ  Τ  Ε  Ί  V  Υ  J
```

ΤΡΎΠΑ
ΚΈΡΔΙΣΕ
ΜΠΆΣΚΕΤ
ΙΚΑΝΌΤΗΤΑ
ΡΙΠΉ
ΕΠΙΣΦΑΛΉΣ
ΘΈΑΜΑ
ΒΟΥΝΌ
ΦΊΔΙ
ΕΓΡΉΓΟΡΣΗΣ

ΞΈΧΑΣΑ
ΒΙΑΣΎΝΗ
ΣΑΝ
ΔΡΆΚΟΣ
ΠΡΟΤΕΊΝΟΥΝ
ΠΥΡΟΣΒΈΣΤΗΣ
ΥΠΕΡΑΣΠΙΣΤΕΊ
ΤΡΟΦΊΜΩΝ
ΚΟΚΤΈΙΛ
ΑΝΗΣΥΧΟΎΝ

Puzzle 82

```
E  G  P  K  P  A  É  E  R  T  B  G  K  K  H
E  N  T  Ά  Ξ  E  I  Λ  P  V  X  O  F  H  E
Ώ  P  I  M  H  U  V  A  Ξ  U  U  U  O  J  J
F  H  Σ  A  B  Σ  Ό  P  Π  H  Y  I  Z  G  R
P  E  Ψ  M  C  B  C  G  V  J  Σ  F  F  G  X
O  Ξ  R  O  X  I  E  Z  É  I  Π  M  Y  Σ  I
Z  A  P  Y  Π  P  K  Ό  A  Π  Ί  Λ  Y  O  T
Z  Ί  D  P  N  Ά  J  N  Σ  Y  N  Θ  Ή  K  H
E  P  K  P  Q  K  Ώ  E  Ξ  A  Φ  N  I  K  Ά
Y  E  V  Ή  M  Γ  I  T  Σ  G  Q  I  K  W  I
Γ  Σ  Ί  T  A  I  Γ  Σ  B  L  A  Y  T  V  M
Ά  H  Y  M  U  Λ  O  Q  T  X  C  X  F  T  K
P  V  U  S  L  A  Π  P  Ί  Γ  K  I  Π  A  Σ
I  W  H  M  L  Σ  A  Ί  X  A  M  Γ  Y  Π  G
```

ΕΞΑΊΡΕΣΗ	ΣΥΜΠΙΈΖΕΙ
ΆΠΟΨΗ	ΡΟΖ
ΠΡΌΣΒΑΣΗ	ΣΑΛΙΓΚΆΡΙ
ΈΛΞΗΣ	ΑΓΏΝΑ
ΣΤΕΝΌ	ΜΑΜΆ
ΣΤΙΓΜΉ	ΖΕΥΓΆΡΙ
ΓΙΑΤΊ	ΞΑΦΝΙΚΆ
ΤΟΥΛΊΠΑ	ΠΥΓΜΑΧΊΑΣ
ΕΝΤΆΞΕΙ	ΠΡΊΓΚΙΠΑΣ
ΏΡΙΜΗ	ΣΥΝΘΉΚΗ

Puzzle 83

E	E	Λ	Π	H	Λ	Z	R	B	D	A	Ή	Δ	E	Θ
E	F	E	Y	P	D	Ά	K	E	Λ	C	T	Y	Π	Έ
N	F	Π	K	Z	Ό	F	X	Έ	V	L	A	N	Ί	Λ
Έ	Ό	T	Z	S	C	Γ	P	A	G	I	N	A	Σ	E
P	K	O	P	J	T	Π	O	O	N	D	T	T	H	T
Γ	I	M	V	R	M	A	W	N	H	O	L	Ό	M	E
E	T	Έ	W	O	U	U	M	C	O	V	A	N	A	N
I	A	P	Ή	T	K	A	P	A	X	X	Ύ	N	B	S
A	T	E	P	Ί	Ξ	T	E	H	Σ	Ω	P	Ή	Λ	K
Σ	Σ	I	E	Σ	Ύ	Δ	A	T	A	K	I	Q	V	I
O	Y	A	H	Θ	I	K	Ή	O	K	W	O	R	B	Y
Y	Σ	K	A	P	O	Y	P	A	Ί	O	Σ	H	I	P
Δ	I	A	Θ	Έ	Σ	I	M	O	N	O	Θ	Φ	Ά	C
A	Π	O	K	O	P	Ύ	Φ	Ω	M	A	F	H	T	D

KATAΔΎΣEIΣ
ΛEΠTOMΈPEIA
EΠΊΣHMA
ΆΦΘONO
ΣYΣTATIKΌ
KΛΉPΩΣH
ΠPΌΓONO
PΊΞTE
AΠOKOPΎΦΩMA
ΔIAΘΈΣIMO

ΔYNATΌN
XAPAKTΉPA
AΎPIO
HΘIKΉ
APOYPAΊOΣ
ΉTAN
ΛΆXANO
OMΠPΈΛA
ENΈPΓEIAΣ
ΘΈΛETE

Puzzle 84

```
A  M  L  Z  I  Ó  Π  K  Z  W  A  G  S  Ή  R
Ί  M  V  U  K  M  P  A  Ω  X  P  Π  V  K  W
N  G  Έ  I  F  Σ  O  N  O  J  I  O  M  I  M
I  B  Π  Σ  G  A  Σ  Έ  T  H  Θ  Δ  B  P  B
A  Y  Π  Q  Ω  I  E  N  P  Δ  M  I  I  E  O
T  Z  P  Y  E  Σ  K  A  O  E  Ό  Ά  Λ  T  A
S  U  Ό  A  C  A  T  N  Φ  Λ  Σ  A  Έ  Ω  G
D  W  Σ  S  T  Λ  I  M  Ώ  Φ  N  U  N  Σ  X
A  Z  Φ  M  P  Π  K  G  N  Ί  G  I  Y  E  P
F  R  A  R  Ί  A  Ά  T  Δ  N  I  F  O  Y  Ό
B  J  T  C  T  Λ  Z  I  L  I  U  L  K  J  N
Y  B  A  R  H  Λ  A  X  P  Ή  Σ  I  M  O  I
Ή  K  A  I  Σ  O  Δ  A  P  A  Π  Y  A  T  A
K  P  Έ  A  Σ  Π  M  Π  A  Λ  Ό  N  I  A  V
```

KANΈNAN
AMΈΣΩΣ
APIΘMΌΣ
ΠOΔIΆ
ΠPOΣEKTIKΆ
ZΩOTPOФΏN
ΠOΛΛAΠΛAΣIAΣMΌ
XPΌNIA
TPΊTH
TYΠIKΌ

KPΈAΣ
KOYNΈΛI
TAINΊA
MΠAΛΌNIA
ΠAPAΔOΣIAKΉ
XPΉΣIMO
BEΛANΊΔIA
ΠPΌΣФATA
ΔEΛФΊNI
EΣΩTEPIKΉ

Puzzle 85

```
Χ  Ά  Μ  Π  Ο  Υ  Ρ  Γ  Κ  Ε  Ρ  Κ  Ζ  Κ  Ρ
J  U  W  P  G  Σ  Ή  Τ  Η  Μ  Θ  Ι  Ρ  A  S
Κ  Α  Τ  Ά  Ρ  Ρ  Ε  Υ  Σ  Η  Η  Α  Ρ  Χ  Χ
Α  Ξ  Ι  Ω  Μ  Α  Τ  Ι  Κ  Ό  Σ  Τ  Η  Ώ  Ο
Β  Ρ  Ο  Χ  Ε  Ρ  Ή  Q  G  J  Η  Ν  Ρ  Ξ  Υ
Σ  Υ  Γ  Κ  Ε  Κ  Ρ  Ι  Μ  Έ  Ν  Ο  Χ  Ε  Σ
Π  Ε  Ν  Η  Μ  Έ  Ρ  Ω  Σ  Η  Ν  Ύ  Α  Γ  Ι
J  Ί  Α  Μ  Ω  Κ  Γ  Ά  Δ  J  Έ  Δ  Ν  Ε  Α
V  Β  Ν  Τ  R  J  S  P  Χ  Τ  Γ  Α  Τ  Λ  Σ
C  Τ  Χ  Ο  Ν  Ε  D  Κ  Α  Ρ  J  Ν  Ά  Ά  Τ
S  Ζ  R  Α  Υ  Ν  Κ  Ε  Χ  Φ  Η  Α  Κ  Σ  Ι
Α  Π  Λ  Ά  L  Ν  Π  Ο  Λ  Ύ  Ε  Μ  Ι  Ε  Κ
Α  Γ  Ω  Ν  Ι  Σ  Τ  Ι  Κ  Ό  Ρ  Ί  Α  Ι  Ό
F  Ζ  Ι  Ο  Ν  Έ  Μ  Ω  Ι  Ε  Κ  Ι  Ο  Ξ  Ε
```

ΕΞΟΙΚΕΙΩΜΈΝΟΙ	ΣΥΓΚΕΚΡΙΜΈΝΟ
ΑΠΛΆ	ΧΑΝΤΆΚΙ
ΕΝΗΜΈΡΩΣΗ	ΞΕΓΕΛΆΣΕΙ
ΒΡΟΧΕΡΉ	ΑΡΙΘΜΗΤΉΣ
ΔΆΓΚΩΜΑ	ΑΓΩΝΙΣΤΙΚΌ
ΧΏΡΟ	ΠΊΝΟΥΝ
ΑΞΙΩΜΑΤΙΚΌΣ	ΠΟΛΎ
ΧΆΜΠΟΥΡΓΚΕΡ	ΓΕΝΝΗΣΗ
ΟΥΣΙΑΣΤΙΚΌ	ΓΡΑΦΕΊΟ
ΑΝΑΔΎΟΝΤΑΙ	ΚΑΤΆΡΡΕΥΣΗ

Puzzle 86

```
K  M  D  E  Λ  I  K  Ό  Π  T  E  P  O  Z  U
H  P  E  T  Ύ  Λ  A  Γ  E  M  O  S  D  I  O
N  T  A  T  Ά  P  Φ  A  A  R  P  V  F  Π  A
Z  K  Z  Q  A  Ά  W  R  N  T  Y  O  E  P  N
O  K  T  Ώ  I  Φ  N  W  I  A  Θ  Z  C  Ά  T
Z  W  X  P  Δ  T  O  A  A  K  Ά  T  I  Σ  Ί
X  U  K  D  Ί  Σ  Q  P  Λ  F  P  J  Y  I  Δ
A  A  G  U  H  L  W  C  Ά  R  A  S  Ό  N  P
M  Z  B  Ξ  W  I  Q  X  Φ  Σ  Π  J  Π  O  A
T  G  Ί  O  Π  O  Ί  O  Q  D  T  S  O  A  Σ
J  Π  A  N  I  X  N  E  Ύ  O  Y  N  I  S  H
E  K  Ί  N  H  T  P  O  P  A  Q  X  A  L  W
K  A  P  Έ  K  Λ  A  M  Ί  Σ  O  S  T  U  H
Δ  I  A  K  O  Π  Έ  Σ  X  Q  M  U  T  Q  T
```

ΊΔΙΑ   ΑΝΤΊΔΡΑΣΗ
ΑΝΙΧΝΕΎΟΥΝ   ΦΆΛΑΙΝΑ
ΠΡΆΣΙΝΟ   ΜΕΓΑΛΎΤΕΡΗ
ΌΠΟΙΑ   ΜΕΤΑΦΟΡΆΣ
ΚΊΝΗΤΡΟ   ΠΑΡΆΘΥΡΟ
ΜΊΣΟΣ   ΕΛΙΚΌΠΤΕΡΟ
ΚΑΡΈΚΛΑ   ΟΠΟΊΟ
ΟΚΤΏ   ΕΠΊΣΗΣ
ΔΙΑΚΟΠΈΣ   ΚΆΤΙ
ΜΑΚΡΙΆ   ΑΦΡΆΤΑ

Puzzle 87

```
Σ  Μ  Π  Γ  Α  Ρ  Κ  Ο  Ύ  Δ  Α  L  S  J  A
Α  Α  Ι  Π  Ι  Α  C  E  W  Ύ  Ο  Π  Π  Α  Π
Ί  Λ  Θ  Λ  Υ  Α  Ά  Ι  Λ  Ω  Φ  G  S  A  O
Ρ  Λ  Α  Ε  Ζ  Κ  Τ  Ρ  Ά  Κ  Ι  Τ  Υ  Δ  Σ
Ο  Ί  Ν  Υ  Ζ  C  Α  Ρ  G  Χ  Ι  Β  Ζ  Η  Π
Γ  R  Ό  Ρ  Υ  Υ  Π  G  Ό  Υ  Τ  Τ  Ζ  Λ  Ά
Η  J  Q  Έ  Ν  D  Ρ  V  Μ  U  L  Μ  W  Η  Σ
Τ  S  Α  Σ  Ο  Ρ  Ε  Κ  Ό  Ν  Ι  Ρ  F  Τ  Ε
Α  Υ  Τ  Ο  Π  Ε  Π  Ο  Ί  Θ  Η  Σ  Η  Ή  Ι
Κ  Έ  Δ  Η  Μ  Ο  Τ  Ι  Κ  Ό  Δ  Μ  R  Ρ  Κ
Κ  Ο  Θ  Β  C  Ο  Ζ  U  U  Ρ  Ή  Μ  F  Ι  Α
Ρ  U  Ύ  Ν  Σ  Υ  Ν  Δ  Υ  Α  Σ  Μ  Ό  Ο  Ι
Τ  Κ  Τ  Π  Ο  Ε  Κ  C  Ζ  W  Β  Ν  V  Ρ  Ρ
D  Ε  R  U  Α  Σ  Β  Ρ  Α  Τ  F  Η  Ο  Ε  Ό
```

ΑΥΤΟΠΕΠΟΊΘΗΣΗ
ΚΑΤΗΓΟΡΊΑΣ
ΔΗΛΗΤΉΡΙΟ
ΔΗΜΟΤΙΚΌ
ΉΔΗ
ΑΠΟΣΠΆΣΕΙ
ΠΛΕΥΡΈΣ
ΚΟΎΠΑ
ΠΙΘΑΝΌ
ΓΙΑΤΡΌ

ΦΩΛΙΆ
ΈΘΝΟΣ
ΠΑΠΠΟΎ
ΚΑΙΡΌ
ΣΥΝΔΥΑΣΜΌ
ΠΕΡΠΑΤΆ
ΑΡΚΟΎΔΑ
ΔΥΤΙΚΆ
ΜΑΛΛΊ
ΡΙΝΌΚΕΡΟΣ

Puzzle 88

E	R	R	A	P	O	Γ	Ή	P	Γ	E	Σ	A	M	K
N	Ξ	K	N	Π	T	J	U	T	O	K	Y	Λ	H	I
Π	L	Y	E	Σ	Ό	B	Σ	A	Σ	T	N	Λ	X	X
A	Γ	E	Π	Z	U	Ψ	B	I	Ά	S	O	H	A	B
Ξ	N	Π	T	H	Ή	Σ	E	Λ	I	Γ	Ψ	Λ	N	T
I	Ώ	Έ	E	H	P	Ί	G	Ί	N	Ά	Ί	E	I	V
M	M	N	X	T	H	E	T	E	E	M	Z	Π	K	A
Ά	H	Δ	N	B	Λ	Λ	T	Δ	Γ	O	O	I	Ό	K
Δ	D	Y	O	V	K	I	P	O	T	R	Y	Δ	M	Ό
I	K	Σ	Λ	S	Σ	Φ	P	K	Ύ	B	N	P	A	K
H	U	H	O	J	M	O	X	O	D	N	Q	O	Π	O
M	W	Y	Γ	O	Y	M	B	P	Ά	Δ	Y	Ύ	Λ	P
J	N	H	Ί	P	X	H	X	K	E	S	R	N	Ώ	A
T	S	I	A	R	Y	Δ	Y	R	R	Z	U	F	Σ	J

ΔΗΜΟΦΙΛΕΊΣ
ΚΌΚΟΡΑ
ΚΡΟΚΟΔΕΊΛΙΑ
ΑΥΤΆ
ΜΗΧΑΝΙΚΌ
ΑΛΛΗΛΕΠΙΔΡΟΎΝ
ΣΥΝΟΨΊΖΟΥΝ
ΣΚΛΗΡΉ
ΕΞΥΠΗΡΕΤΟΎΝ
ΓΕΝΙΆΣ

ΓΝΏΜΗ
ΓΡΉΓΟΡΑ
ΑΠΛΏΣ
ΠΑΞΙΜΆΔΙ
ΤΕΧΝΟΛΟΓΊΑ
ΓΆΜΟ
ΒΡΆΔΥ
ΕΠΈΝΔΥΣΗ
ΑΠΌΨΕ
ΑΣΒΌΣ

Puzzle 89

```
I  Ξ  Τ  E  W  J  Q  X  Z  M  C  A  O  Λ  U
F  H  H  T  K  A  Σ  K  E  Λ  E  T  Ό  A  T
Ό  P  O  E  I  F  N  Λ  Σ  N  D  Ά  C  M  L
M  Ό  G  Σ  O  K  Έ  Ή  Ω  C  S  B  H  B  B
Σ  J  C  Ά  N  T  R  A  Λ  E  M  A  I  Ά  A
I  R  K  T  E  I  G  H  Ά  I  Q  P  E  N  Σ
N  N  I  Σ  I  M  Σ  Z  Γ  T  K  Γ  Σ  O  I
Ω  C  Ά  I  P  A  Δ  I  E  Λ  K  A  Ώ  N  Λ
Γ  W  W  Δ  T  A  Y  X  M  Q  W  D  P  T  I
A  I  E  Σ  Ά  I  Σ  Ω  Π  Y  T  N  E  A  K
T  X  Ό  Ά  Λ  O  Γ  O  P  Ί  Ψ  H  I  I  Ή
N  Π  Δ  I  A  M  O  N  Ή  B  E  M  Φ  H  X
A  Ί  E  P  A  Γ  Γ  A  Σ  Ύ  O  P  A  Π  P
Σ  H  M  E  Ί  Ω  M  A  Q  A  A  C  F  D  X
```

ΡΊΨΗ
ΓΡΑΒΆΤΑ
ΜΕΓΆΛΩΣΕ
ΕΝΤΥΠΩΣΙΆΣΕΙ
ΜΕΛΈΤΕΣ
ΣΚΕΛΕΤΌ
ΔΙΣΤΆΣΕΤΕ
ΑΝΉΛΙΚΑ
ΠΑΡΟΎΣΑ
ΛΑΜΒΆΝΟΝΤΑΙ

ΑΦΙΕΡΏΣΕΙ
ΑΓΓΑΡΕΊΑ
ΣΗΜΕΊΩΜΑ
ΒΑΣΙΛΙΚΉ
ΑΠΌΣΤΑΣΗ
ΔΙΑΜΟΝΉ
ΆΛΟΓΟ
ΑΝΤΑΓΩΝΙΣΜΌ
ΞΗΡΌ
ΚΛΕΙΔΑΡΙΆ

Puzzle 90

```
F  R  Δ  Q  Δ  Q  Y  Ί  E  P  H  T  N  Y  Σ
Ή  G  Ί  F  M  A  Δ  Ά  Λ  E  Γ  A  Y  K  Y
Λ  U  Π  Ό  Q  Y  M  Π  Έ  N  E  Σ  O  A  N
O  P  Λ  A  Y  T  Ί  Ά  W  H  H  R  N  M  A
T  I  A  T  E  N  Ύ  X  Σ  H  H  R  Ά  H  I
Σ  X  F  T  N  E  F  U  M  K  Ψ  Λ  K  Λ  Σ
I  R  Λ  Φ  K  Q  R  X  T  I  H  S  I  O  Θ
Π  B  X  Λ  T  Έ  Z  Ά  J  M  Λ  N  H  Π  H
E  E  A  O  H  A  N  Σ  J  Ώ  Ά  B  O  Ά  M
D  Y  T  I  K  I  W  E  S  P  N  A  O  P  A
O  T  Q  Ό  O  B  Q  T  S  B  A  P  F  Δ  T
Y  E  H  O  L  B  I  E  W  Z  Π  I  N  A  I
Δ  I  K  A  Σ  T  Ή  P  I  O  E  Ά  I  Λ  K
A  Λ  Λ  H  Λ  E  Π  Ί  Δ  P  A  Σ  H  H  Ή
```

ΔΊΠΛΑ
ΧΆΣΕΤΕ
ΕΠΑΝΆΛΗΨΗ
ΕΠΙΣΤΟΛΉ
ΜΌΛΙΣ
ΑΥΤΊ
ΑΓΕΛΆΔΑ
ΠΈΝΕΣ
ΔΑΜΆΣΚΗΝΟ
ΦΛΟΙΌ

ΚΑΜΗΛΟΠΆΡΔΑΛΗ
ΧΎΝΕΤΑΙ
ΒΡΏΜΙΚΗ
ΚΆΝΟΥΝ
ΣΥΝΤΗΡΕΊ
ΔΙΚΑΣΤΉΡΙΟ
ΣΥΝΑΙΣΘΗΜΑΤΙΚΉ
ΒΑΡΙΆ
ΝΈΚΤΑΡ
ΑΛΛΗΛΕΠΊΔΡΑΣΗ

Puzzle 91

```
Κ  Ύ  Ρ  Ι  Α  Β  Α  Ν  Α  Β  Ά  Λ  Ε  Ι  Ι
Δ  Δ  Ε  Ν  Π  Σ  Α  Τ  Ν  Ο  Γ  Ά  Ρ  Α  Π
Ι  Ι  Π  Α  Α  G  Ό  Μ  Σ  Α  Ι  Δ  Ε  Χ  Σ
Α  Α  Ι  Ρ  Ν  Β  Ζ  Ή  Β  Ν  Έ  J  Α  Ν  Ι
Τ  Χ  Τ  Κ  Τ  Π  Κ  Κ  W  Ά  Υ  Ρ  Κ  Ά  Δ
Η  Ε  Ρ  Ω  Ο  Ί  Μ  Ι  Τ  G  Κ  Ρ  Η  Μ  Μ
Ρ  Ί  Έ  Τ  Ύ  Τ  C  Τ  Χ  V  L  Ι  Ρ  Μ  Ι
Ε  Ρ  Π  Ι  W  Σ  Τ  Α  Α  D  Β  S  Ά  D  Ο
Ί  Ι  Ο  Κ  Υ  Α  Ί  Ρ  U  L  Β  J  Χ  J  Ν
Q  Σ  Υ  Ώ  Ε  Α  D  Κ  Π  Ε  Ρ  Ί  Ο  Δ  Ο
Κ  Η  Ν  Ν  Χ  F  V  Ο  Ε  Υ  Γ  Ε  Ν  Ή  U
Q  Σ  W  Ρ  Ο  Ν  Έ  Μ  Σ  Α  Ρ  Υ  Ο  Κ  Β
S  F  Α  Ρ  Υ  Ε  J  Η  Γ  Κ  Α  Ζ  Ό  Ν  W
D  Q  Ζ  J  Ι  Ζ  Κ  Δ  Η  Ι  Κ  J  Q  L  Κ
```

ΠΑΝΤΟΎ
ΑΡΧΑΊΑ
ΚΎΡΙΑ
ΝΑΡΚΩΤΙΚΏΝ
ΠΕΡΊΟΔΟ
ΣΧΕΔΙΑΣΜΌ
ΒΑΜΒΆΚΙ
ΔΗΜΟΚΡΑΤΙΚΉ
ΠΊΤΣΑ
ΕΠΙΤΡΈΠΟΥΝ

ΓΚΑΖΌΝ
ΈΡΗΜΟ
ΔΙΑΤΗΡΕΊ
ΚΟΥΡΑΣΜΈΝΟ
ΧΆΡΗ
ΑΝΑΒΆΛΕΙ
ΔΙΑΧΕΊΡΙΣΗΣ
ΠΑΡΆΓΟΝΤΑΣ
ΕΥΓΕΝΉ
ΔΆΚΡΥ

Puzzle 92

```
Α  Έ  Α  Α  Ί  Ν  Ω  Φ  Μ  Υ  Σ  L  Π  Φ  Μ
Υ  Λ  Τ  Λ  Π  Β  Ι  Ό  Χ  Ν  C  P  S  Ά  Ε
Τ  Κ  Α  Ά  Χ  Ο  Τ  Ν  Β  G  Ο  Ν  Ν  Σ  Τ
Α  Η  Ζ  Γ  Τ  Ζ  Σ  Α  Μ  Π  G  Α  Η  Η  Ε
Λ  Θ  Π  Ε  V  R  Ζ  Τ  Ο  Ε  W  Η  Γ  Υ  Γ
Ά  Ρ  Δ  Ι  Τ  Ι  Ν  Ν  Ο  Υ  S  Η  Κ  Ψ  Κ
Ν  Ο  Ι  Κ  Ά  Α  Η  Ϊ  D  Λ  D  Η  Ό  Η  Α
Τ  Μ  Ο  Ά  F  Τ  U  Α  L  Ε  Ή  Τ  Μ  Λ  Τ
Ε  Π  Ρ  Τ  Ή  Ν  Α  Μ  Ζ  G  Η  Σ  Ε  Ό  Ά
Υ  Λ  Ί  Α  U  Ύ  Υ  Α  Π  Ό  Ι  Ι  Ν  Τ  Σ
Σ  Έ  Σ  Γ  Ζ  Ο  D  S  Η  F  Μ  Γ  Α  Ε  Τ
Η  Ν  Ε  U  Κ  Μ  R  Ο  G  Q  Χ  Έ  Ι  Ρ  Α
F  L  Ι  Η  J  Ι  Ε  Σ  Ά  Χ  U  Μ  Ι  Ο  Σ
Υ  J  Κ  U  Υ  Μ  Ε  Ν  Ο  Χ  Λ  Ο  Ύ  Ν  Η
```

ΣΥΜΦΩΝΊΑ
ΓΑΤΆΚΙ
ΜΠΛΕ
ΈΛΚΗΘΡΟ
ΜΈΓΙΣΤΗ
ΜΕΤΕΓΚΑΤΆΣΤΑΣΗ
ΑΠΌ
ΦΆΣΗ
ΑΠΟΣΤΟΛΉΣ
ΔΙΟΡΊΣΕΙ

ΤΑΛΆΝΤΕΥΣΗ
ΧΆΣΕΙ
ΜΑΪΝΤΑΝΌ
ΠΙΆΤΑ
ΕΝΟΧΛΟΎΝ
ΓΆΛΑ
ΠΡΟΠΟΝΗΤΉ
ΜΙΜΟΎΝΤΑΙ
ΓΚΌΜΕΝΑ
ΥΨΗΛΌΤΕΡΟ

Puzzle 93

```
Φ  Ρ  Α  Γ  Κ  Ο  Σ  Τ  Ά  Φ  Υ  Λ  Ο  Φ  Κ
Ξ  Ε  Κ  Ό  Υ  Ρ  Α  Σ  Τ  Ο  Ύ  Ν  Τ  Ω  Α
Ι  Σ  Τ  Ο  Σ  Ε  Λ  Ί  Δ  Α  Ε  Ε  Έ  Τ  Τ
Ξ  Α  Φ  Ν  Ι  Κ  Ή  Σ  S  F  Τ  Φ  Ρ  Ο  Ε
Υ  Ι  Ρ  Α  Π  Η  Q  O  V  L  O  H  Τ  Γ  Υ
Μ  Γ  Κ  Κ  Ε  Σ  Ω  Λ  Ή  Δ  Π  Μ  Ρ  Ρ  Θ
Τ  Ά  Α  Ρ  Τ  Ύ  Τ  S  W  Τ  Ή  Ε  Ο  Α  Ύ
Ο  Β  Τ  Ί  Α  Λ  S  W  G  H  Δ  Ρ  Π  Φ  Ν
Υ  Υ  Ά  Β  Λ  W  O  A  R  J  Α  Ί  Ι  Ί  Σ
Ρ  Ο  Σ  Ε  Ο  Β  Έ  S  Χ  Σ  Ι  Δ  Ν  Α  Ε
Κ  Κ  Τ  Ι  Ύ  Ν  Τ  Ρ  Τ  V  Ο  Α  V  U  I
Ί  Υ  Α  Α  Δ  Β  Υ  Έ  L  Ι  Π  F  V  V  Σ
Α  Ο  Σ  W  Α  Π  Ρ  Ο  Σ  Δ  Ο  Κ  Ο  Ύ  Ν
Κ  Κ  Η  Α  Χ  Ι  Φ  Ύ  Γ  Ε  Ι  Κ  R  V  O
```

ΠΡΟΣΔΟΚΟΎΝ	ΞΕΚΟΥΡΑΣΤΟΎΝ
ΑΣΤΈΡΙ	ΦΡΑΓΚΟΣΤΆΦΥΛΟ
ΙΣΤΟΣΕΛΊΔΑ	ΠΕΤΑΛΟΎΔΑ
ΤΟΥΡΚΊΑ	ΝΈΑ
ΞΑΦΝΙΚΉΣ	ΕΦΗΜΕΡΊΔΑ
ΚΟΥΚΟΥΒΆΓΙΑ	ΑΚΡΊΒΕΙΑ
ΦΩΤΟΓΡΑΦΊΑ	ΚΑΤΕΥΘΎΝΣΕΙΣ
ΠΟΡΤΡΈΤΟ	ΟΠΟΙΑΔΉΠΟΤΕ
ΦΎΓΕΙ	ΛΎΣΗ
ΚΑΤΆΣΤΑΣΗ	ΔΉΛΩΣΕ

Puzzle 94

```
Π Ό Μ Θ Α Β Η G L Γ Κ Π Ρ Μ Τ
Α Ρ Ε Τ Ί Α Ι Δ Ι Ά Ά Α Υ Ν Ρ
Υ Ε Ό G Υ Ν Β D Β Τ Τ Ι J Ή Έ
Ε Μ Χ Θ Ν F S Ο Β Α Ο Χ Π Μ Χ
G Ο Ε R Υ F D Ν U Ε Ι Ν Α Η Ο
Β Ρ Ά Σ Η Μ Ι Ώ Q R Κ Ι Ρ Σ Υ
Ο Τ Κ Ε Μ Q Ο Δ Ί Τ Ο Δ Ά Α Σ
Α G Ι Ρ Π L Ι Ι D Σ Σ Ι Γ Τ Α
Α L Τ Δ Α S Δ Ε Η Μ Α Ά Ο Ό Ν
U Q Σ Ν Λ D Ί Ο Ζ J Κ Ρ Ν Ρ Υ
Ο Η Ά Ό Ρ C Ο Β Ι V Ι Τ Π Ε
D Ο Ι F Ν L Ε Β Τ Χ Ι Κ Α V Ρ
Ν Ν Β Ι Ι Ι Υ Μ J F G Ο V U Έ
Π Ο Λ Ύ Χ Ρ Ω Μ Α U J Α C Ε Κ
```

ΈΡΕΥΝΑ
ΊΔΙΟ
ΜΠΑΛΌΝΙ
ΜΝΉΜΗ
ΠΟΛΎΧΡΩΜΑ
ΠΑΙΧΝΙΔΙΆΡΙΚΟ
ΊΣΑ
ΒΙΑΣΤΙΚΆ
ΒΟΟΕΙΔΏΝ
ΠΡΌΘΥΜΟΙ

ΤΡΟΜΕΡΌ
ΠΑΡΆΓΟΝΤΑ
ΆΝΔΡΕΣ
ΓΆΤΑ
ΒΡΆΣΗ
ΤΡΈΧΟΥΣΑ
ΙΔΙΑΊΤΕΡΑ
ΚΆΤΟΙΚΟΣ
ΠΡΌΤΑΣΗ
ΒΑΘΜΌ

Puzzle 95

```
U  G  W  Σ  V  K  Φ  Π  Π  E  O  Ύ  T  E  K
Ό  N  A  K  I  A  A  P  P  P  Λ  U  S  V  D
Y  N  I  I  E  T  N  O  O  A  Ύ  Ά  M  Y  V
H  O  E  Ά  Σ  E  T  M  E  N  O  P  Φ  S  Q
Y  H  Ξ  X  Ά  Ύ  A  Ή  I  T  Π  K  I  I  C
Σ  Ψ  Ί  T  M  Θ  Σ  Θ  Δ  A  Ό  I  S  Δ  A
I  Y  O  P  E  Y  T  E  O  N  T  M  D  Ϊ  C
B  P  N  O  P  N  E  I  Π  A  O  S  A  N  Δ
W  K  A  E  K  Σ  Ί  E  O  K  K  A  Y  X  Έ
H  Ό  C  P  X  H  T  Σ  Ί  Λ  P  R  V  I  N
H  Π  O  Y  A  Ί  E  K  H  O  J  Z  Y  A  T
K  A  P  Ό  T  O  Σ  S  Ύ  X  K  Q  Π  P
Z  S  K  J  D  S  N  E  H  N  N  R  I  N  O
Σ  Y  N  T  P  I  B  Ή  I  Σ  T  Ί  P  O  K
```

KAPΌTO
ΣΚΙΆΧΤΡΟ
ΦΑΝΤΑΣΤΕΊΤΕ
ΑΝΤΑΝΑΚΛΟΎΝ
ΕΛΆΦΙΑ
ΜΙΚΡΆ
ΙΚΑΝΌ
ΠΡΟΜΉΘΕΙΕΣ
ΑΝΟΊΞΕΙ
ΚΡΕΜΆΣΕΙ

ΚΟΡΊΤΣΙ
ΚΑΤΕΎΘΥΝΣΗ
ΣΥΝΤΡΙΒΉ
ΚΟΤΌΠΟΥΛΟ
ΟΎΤΕ
ΔΈΝΤΡΟ
ΣΥΝΕΧΊΣΕΙ
ΠΑΙΧΝΊΔΙ
ΑΠΌΚΡΥΨΗ
ΠΡΟΕΙΔΟΠΟΊΗΣΗ

Puzzle 96

```
Δ  Τ  Ο  Υ  Λ  Ά  Χ  Ι  Σ  Τ  Ο  Ν  Q  Γ  Ζ
Ε  Ι  Ε  Κ  Σ  Τ  Ρ  Α  Τ  Ε  Ί  Α  Μ  Λ  Σ
Π  Φ  Α  Μ  Ό  Γ  Q  Ρ  Χ  J  Τ  Α  Α  Ω  Α
Ι  Ο  Q  Χ  Μ  Υ  Ο  Ν  Ύ  Δ  Ν  Ι  Κ  Σ  Δ
Χ  Ρ  Β  L  Ε  Α  Σ  Τ  Λ  Ά  Κ  Ε  Υ  Σ  Ά
Ε  Έ  Ή  W  G  Ί  Χ  Τ  Π  V  Π  J  Β  Ά  Β
Ί  Σ  Δ  Η  Φ  Ο  Ρ  Τ  Σ  Ί  Τ  Ν  Α  Ρ  Ι
Ρ  Γ  Ι  Ο  Σ  L  Y  Ι  Σ  Ν  Α  Κ  F  Ι  Τ
Η  G  Ε  U  Ο  Ξ  Μ  Η  Σ  Α  V  V  Ε  Υ  Σ
Σ  Μ  Π  Ι  Η  W  Μ  Μ  Β  Η  Ο  Υ  Ζ  Χ  Ο
Η  L  Ε  Α  Π  Ο  Κ  Α  Λ  Ύ  Π  Τ  Ο  Υ  Ν
Ι  Α  Τ  Ρ  Ι  Κ  Ή  Η  Β  Χ  Ή  Ν  Α  Σ  Ο
Δ  Ι  Α  Σ  Κ  Ε  Δ  Ά  Σ  Ε  Ι  Χ  R  Χ  Ι
Μ  Σ  Ω  Μ  Α  Τ  Ι  Δ  Ί  Ω  Ν  Β  Μ  Ν  Χ
```

ΕΠΊΣΗΜΟ
ΔΙΑΧΕΊΡΙΣΗ
ΦΟΡΈΣ
ΓΛΩΣΣΆΡΙ
ΓΌΜΑ
ΑΝΆΠΤΥΞΗ
ΑΝΤΊΣΤΡΟΦΗ
ΧΉΝΑΣ
ΙΑΤΡΙΚΉ
ΕΠΕΙΔΉ

ΤΟΥΛΆΧΙΣΤΟΝ
ΣΩΜΑΤΙΔΊΩΝ
ΚΙΝΔΎΝΟΥ
ΚΆΛΤΣΑ
ΔΙΑΣΚΕΔΆΣΕΙ
ΕΚΣΤΡΑΤΕΊΑ
ΧΙΟΝΟΣΤΙΒΆΔΑΣ
ΓΙΟΣ
ΕΠΙΧΕΊΡΗΣΗ
ΑΠΟΚΑΛΎΠΤΟΥΝ

Puzzle 97

```
W  O  I  A  T  Ά  B  O  Φ  M  X  T  E  A  Z
A  I  K  Ό  S  Λ  O  Λ  Λ  Ά  E  C  E  P  H
Y  V  A  K  E  Λ  H  T  Ύ  M  T  N  A  I  E
T  A  N  I  I  A  V  Ί  W  M  O  Ί  Σ  Θ  U
O  X  O  N  H  Λ  Ή  T  Σ  I  X  I  T  M  G
K  Y  Π  E  V  Q  V  X  K  Y  E  F  Ί  O  P
I  X  O  Σ  Φ  Y  P  Ί  Σ  Σ  U  O  Λ  M  X
N  W  I  P  Y  F  A  H  Ώ  M  S  S  A  H  B
Ή  Z  H  A  S  Σ  N  N  Y  F  K  K  X  X  X
T  C  M  A  H  A  A  M  A  P  Ό  J  Σ  A  L
Ω  W  Έ  A  K  Γ  Ύ  Λ  T  B  R  G  A  N  Z
N  Y  N  N  P  Σ  E  B  A  Σ  M  Ό  Π  Ή  E
L  N  O  O  Σ  T  A  M  A  T  Ή  Σ  O  Y  N
Σ  Ά  I  Λ  I  Σ  A  B  O  F  N  G  H  W  G
```

ΑΛΛΆ   ΙΚΑΝΟΠΟΙΗΜΈΝΟΙ
ΣΦΥΡΊ   ΒΑΣΙΛΙΆΣ
ΑΡΣΕΝΙΚΌ   ΆΛΛΟ
ΜΎΤΗ   ΣΤΉΛΗ
ΑΝΗΣΥΧΊΑ   ΣΤΑΜΑΤΉΣΟΥΝ
ΠΑΣΧΑΛΊΤΣΑ   ΑΡΙΘΜΟΜΗΧΑΝΉ
ΌΡΑΜΑ   ΟΡΓΑΝΏΣΕΙ
ΛΎΓΚΑ   ΑΥΤΟΚΙΝΉΤΩΝ
ΣΕΒΑΣΜΌ   ΦΟΒΆΤΑΙ
ΕΝΟΙΚΊΑΣΗ   ΤΊΤΛΟ

Puzzle 98

```
A  E  A  M  M  T  N  Ω  Ί  Λ  Θ  E  N  E  Γ
Π  Δ  I  Δ  Ά  Σ  K  O  N  T  A  I  Υ  T  S
Π  O  Υ  Π  E  Ύ  Θ  Υ  N  H  K  A  Φ  Σ  O
Υ  A  Λ  A  D  Z  Π  Q  Υ  Σ  E  N  Ί  Ώ  P
G  X  T  I  M  O  B  C  O  H  Φ  A  T  Δ  I
O  B  R  I  T  G  F  Z  Σ  B  Ά  M  Σ  E  Σ
V  Q  V  Έ  N  I  C  I  Ώ  M  Λ  O  A  Π  M
A  U  H  N  A  Ά  Σ  A  I  Ύ  A  N  A  I  Έ
C  I  V  H  W  F  Z  T  B  Λ  I  Ή  N  T  N
Σ  T  A  Υ  P  Ό  Z  S  I  O  O  A  A  Υ  E
K  O  Γ  I  Ό  T  E  W  Π  K  L  V  B  X  Σ
Δ  I  E  Θ  N  Ή  P  M  E  L  Ή  S  O  Ί  E
Π  O  Λ  Υ  Θ  P  Ό  N  A  Z  E  V  Λ  A  V
E  E  V  R  X  P  Ή  M  A  T  A  Q  Ή  J  X
```

ΑΝΑΒΟΛΉ   ΑΝΑΜΟΝΉ
ΧΡΉΜΑΤΑ   ΕΠΙΤΥΧΊΑ
ΣΤΑΥΡΌ   ΠΟΛΥΘΡΌΝΑ
ΟΡΙΣΜΈΝΕΣ   ΚΕΦΆΛΑΙΟ
ΔΏΣΤΕ   ΠΟΛΙΤΙΣΤΙΚΉ
ΝΥΦΊΤΣΑ   ΚΟΛΎΜΒΗΣΗ
ΔΙΔΆΣΚΟΝΤΑΙ   ΕΠΙΒΙΏΣΟΥΝ
ΥΠΕΎΘΥΝΗ   ΠΟΤΈ
ΓΕΝΕΘΛΊΩΝ   ΠΑΤΙΝΆΖ
ΚΟΓΪΟΤ   ΔΙΕΘΝΉ

Puzzle 99

```
Δ  E  K  A  E  T  Ί  A  A  I  T  A  L  Y  K
E  J  G  A  L  L  H  M  B  Q  M  Π  J  Π  A
T  V  Q  M  B  R  Ώ  M  Ρ  Σ  Π  Ρ  Η  O  T
G  Z  B  H  U  P  Δ  Z  A  Ό  Ρ  O  Σ  K  E
M  T  Ά  Λ  X  L  E  Ύ  Ρ  K  Ό  Σ  H  A  Y
D  Q  O  K  W  E  E  B  Ρ  I  O  E  Ί  T  Θ
E  Y  M  Γ  I  K  D  V  B  Δ  Δ  K  O  Ά  Ύ
O  E  D  Έ  Σ  X  T  T  B  I  O  T  Π  Σ  N
Ό  Ρ  Y  A  T  Σ  F  C  V  E  R  I  O  T  Σ
T  Z  T  M  Έ  T  Ρ  I  A  V  E  K  Λ  A  E
O  A  M  E  Ρ  I  K  Έ  Σ  I  H  Ά  Π  T  I
K  K  O  Y  Z  Ί  N  A  Ό  Π  O  I  A  O  Σ
Π  Ρ  Ό  Σ  K  Λ  H  Σ  H  Σ  R  S  U  Y  D
Π  Ω  Λ  O  Ύ  N  Δ  I  K  H  Γ  Ό  Ρ  O  Σ
```

KOYZΊNA
ΧΡΏMA
KATAΣKEΎAΣMA
AΠΛOΠOΊHΣH
TZΆKI
EΔΏ
MEPIKΈΣ
YΠOKATΆΣTATOY
ΠΡΌOΔO
ΔIKHΓΌPOΣ

ΠΩΛOΎN
ΔEKAETΊA
ΈΓKΛHMA
ΠΡΌΣKΛHΣHΣ
MΈTPIA
EIΔIKΌΣ
ΠΡOΣEKTIKΆ
ΌΠOIA
KATEYΘΎNΣEIΣ
ΣTAYPΌ

Puzzle 100

```
Z  R  I  H  Σ  H  B  M  Ύ  Λ  O  K  Π  O  K
F  T  I  Ά  G  Ώ  X  P  Q  P  Λ  Λ  C  A
F  K  W  P  J  Θ  Ί  W  Y  A  D  I  H  B  T
I  S  U  A  H  J  V  E  X  M  M  B  Θ  P  H
E  Ξ  A  Σ  K  O  Ύ  N  Λ  Q  Π  Ά  Y  P  Γ
T  E  H  T  O  V  A  Y  B  E  T  Δ  Σ  A  O
Σ  Λ  Y  A  Σ  Ω  Π  Ό  P  W  T  I  M  N  P
Έ  Έ  Z  K  X  T  L  I  H  J  N  Y  Ό  A  Ί
P  Γ  G  K  Ό  X  O  Z  G  F  K  W  Λ  T  A
I  X  Y  I  Λ  Δ  I  A  Φ  Y  Γ  Ή  Σ  O  P
A  O  U  V  I  Έ  X  O  Y  N  X  K  T  Λ  Π
Φ  Y  K  K  A  P  E  M  Ά  K  Ά  P  K  I  M
A  Z  Ό  Π  P  O  Σ  Δ  O  K  O  Ύ  N  K  A
Π  A  Π  A  Γ  Ά  Λ  O  Z  O  J  J  X  Ά  H
```

ΠΑΠΑΓΆΛΟ	ΌΠΩΣ
ΚΑΤΗΓΟΡΊΑ	ΕΛΈΓΧΟΥ
ΔΙΑΦΥΓΉΣ	ΠΟΛΥΤΕΛΕΊΑΣ
ΈΧΟΥΝ	ΠΛΗΘΥΣΜΌ
ΏΘΗΣΗ	ΑΦΑΙΡΈΣΤΕ
ΚΆΜΕΡΑ	ΚΑΤΣΑΡΆ
ΣΧΌΛΙΑ	ΑΝΑΤΟΛΙΚΆ
ΠΕΡΙΟΔΙΚΌ	ΠΡΟΣΔΟΚΟΎΝ
ΛΙΒΆΔΙ	ΜΙΚΡΆ
ΕΞΑΣΚΟΎΝ	ΚΟΛΎΜΒΗΣΗ

Puzzle 1

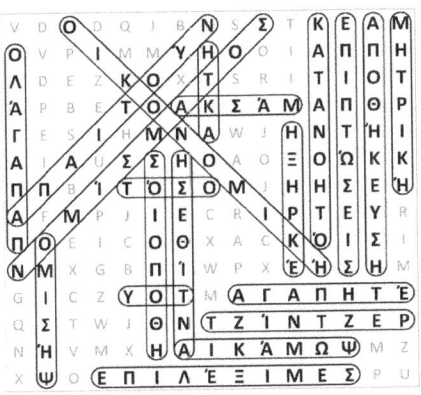

Puzzle 2

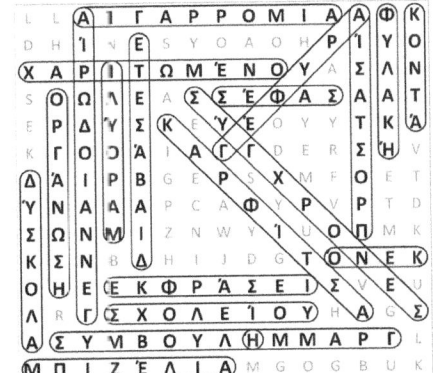

Puzzle 3

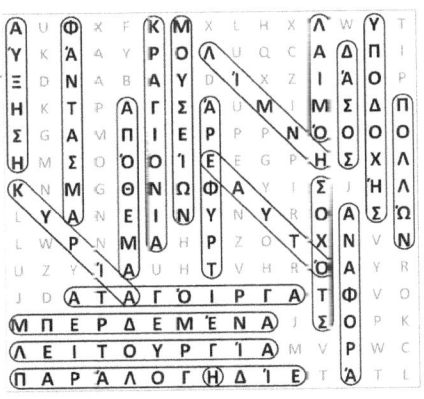

Puzzle 4

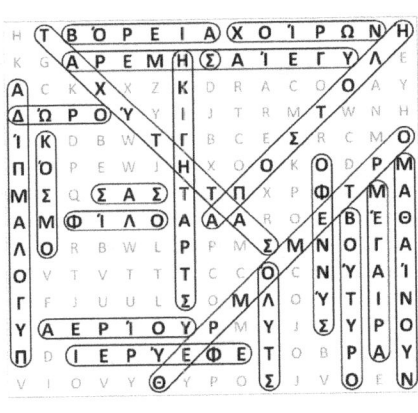

Puzzle 5

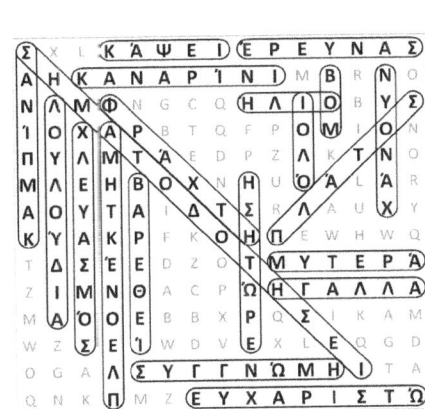

Puzzle 6

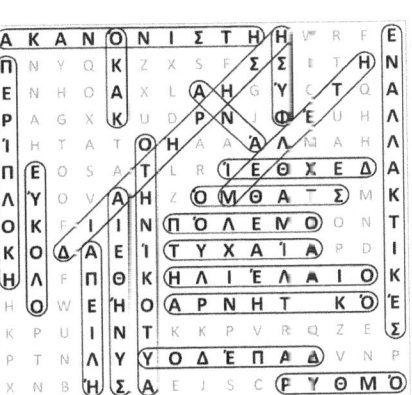

Puzzle 7

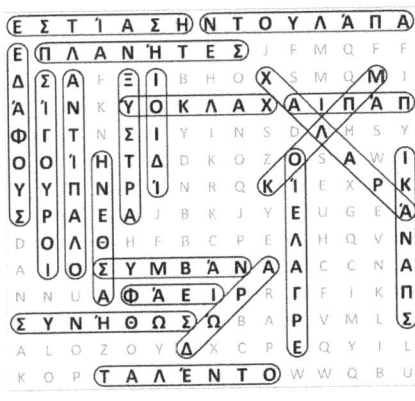

Puzzle 8

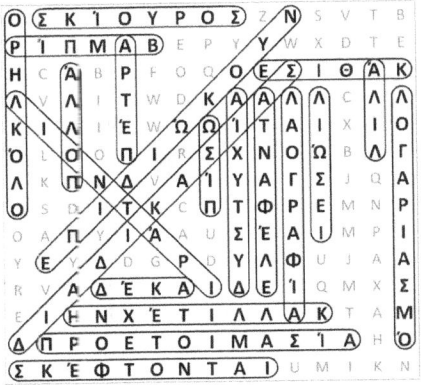

Puzzle 9

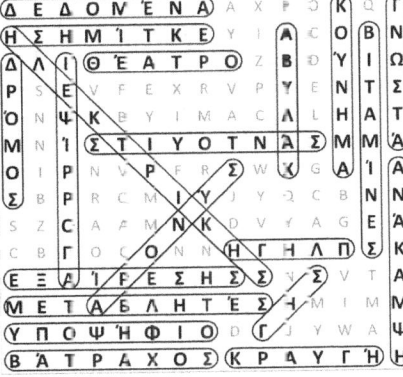

Puzzle 10

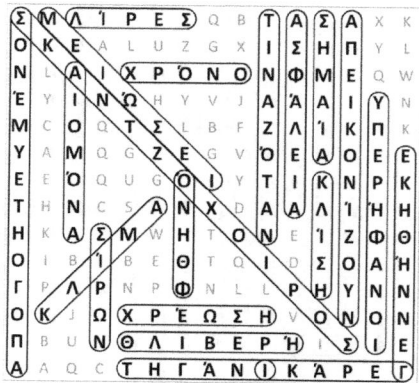

Puzzle 11

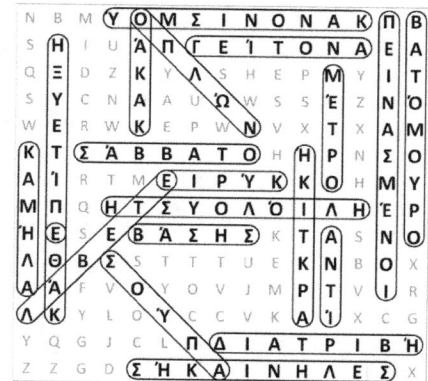

Puzzle 12

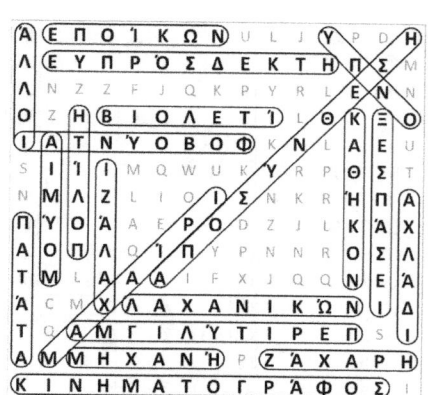

Puzzle 13

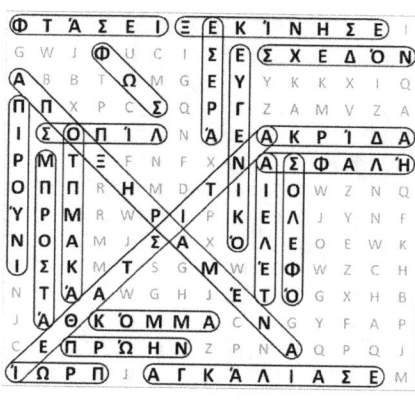

Puzzle 14

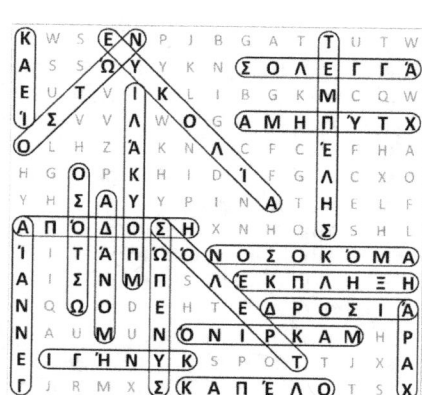

Puzzle 15

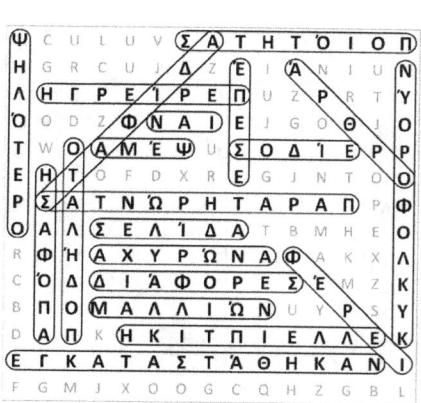

Puzzle 16

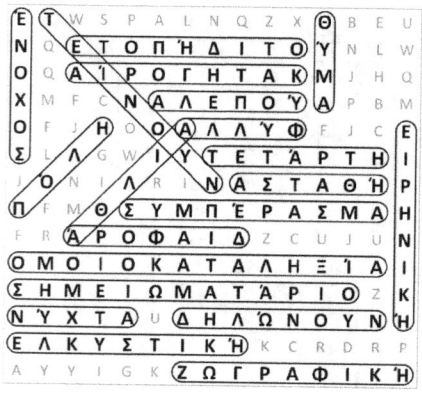

Puzzle 17

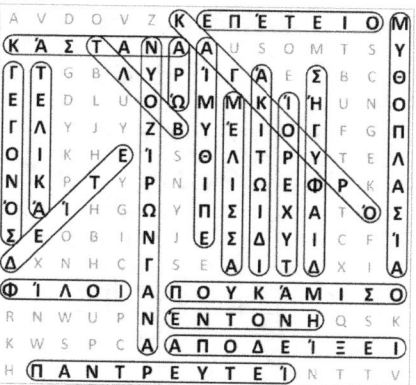

Puzzle 18

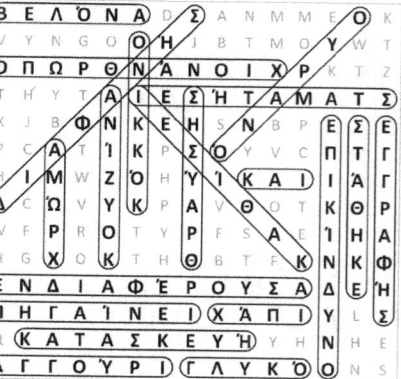

Puzzle 19

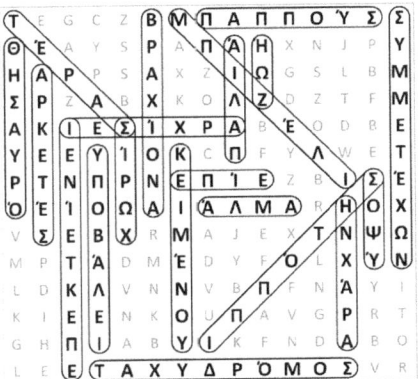

Puzzle 20

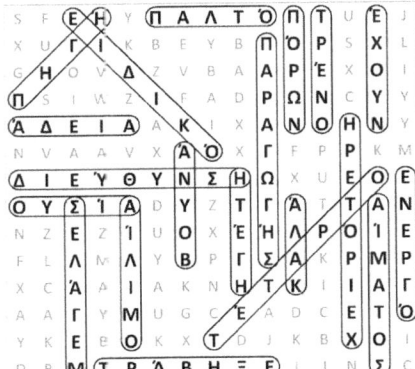

Puzzle 21

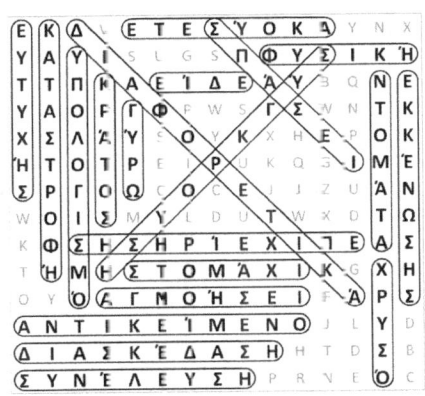

Puzzle 22

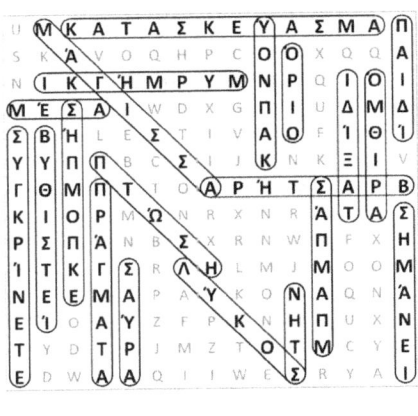

Puzzle 23

Puzzle 24

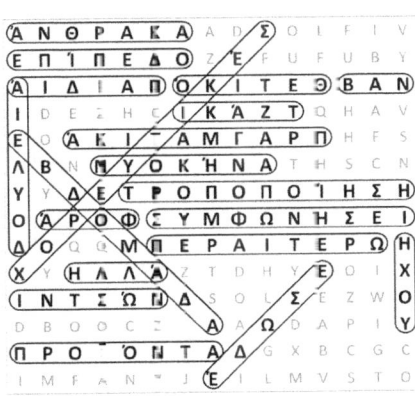

Puzzle 25

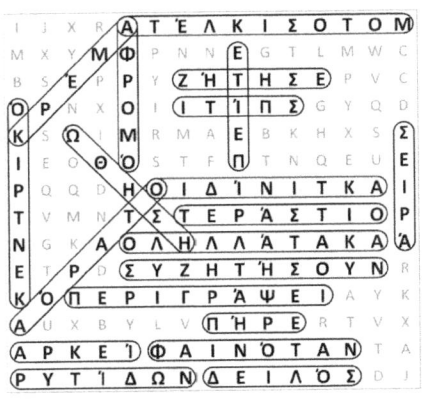

Puzzle 26

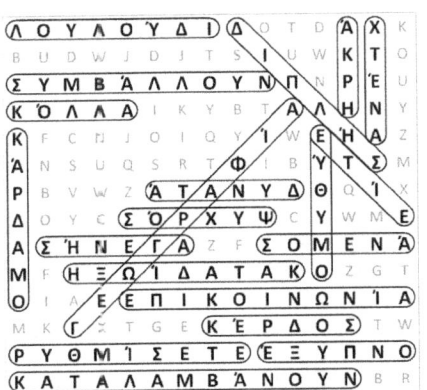

Puzzle 27

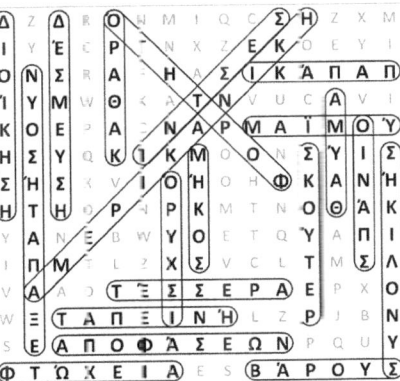

Puzzle 28

Puzzle 29

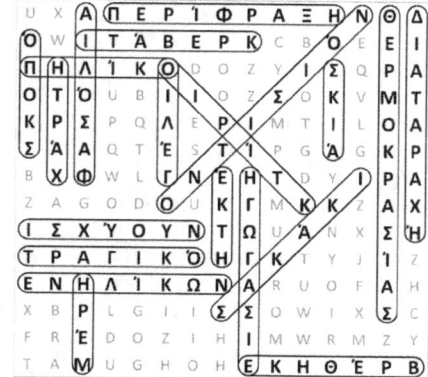

Puzzle 30

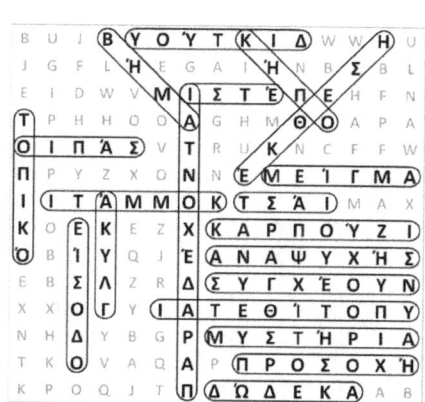

Puzzle 31

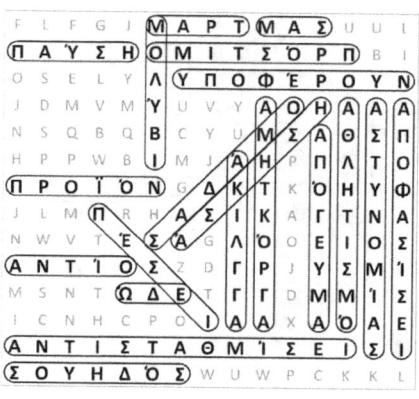

Puzzle 32

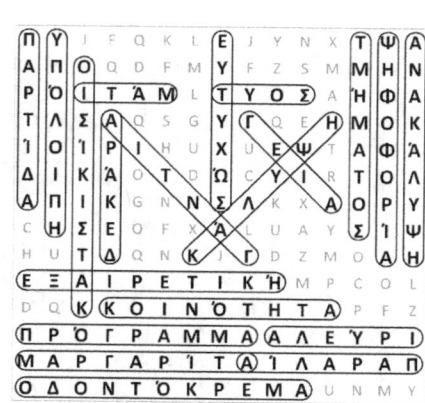

Puzzle 33

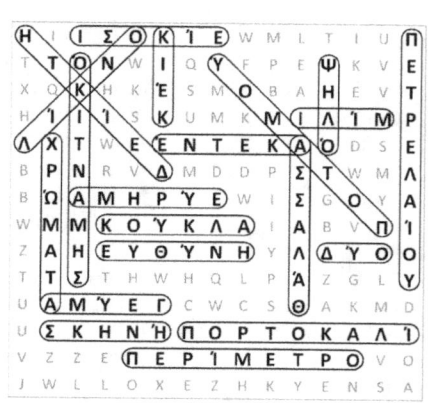

Puzzle 34

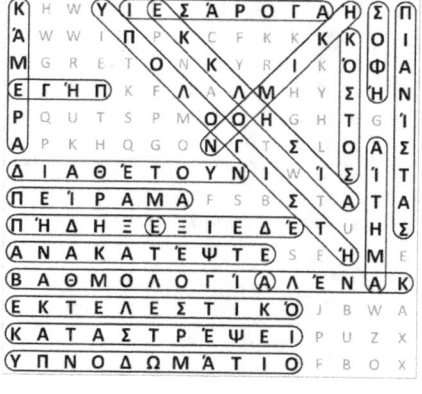

Puzzle 35

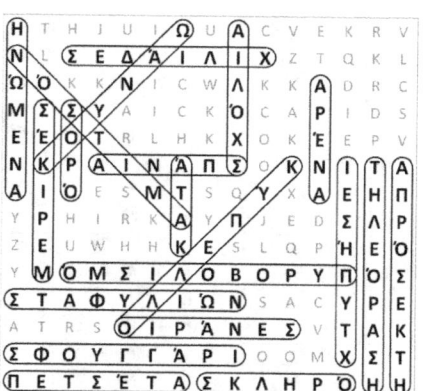

Puzzle 36

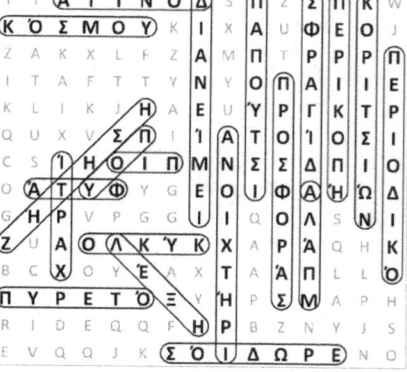

Puzzle 37

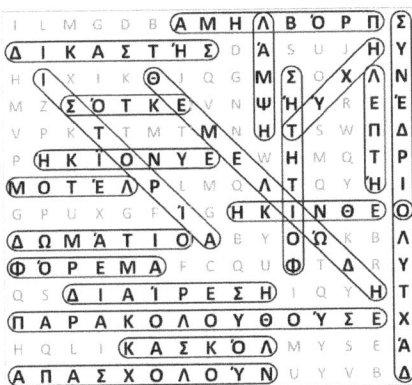

Puzzle 38

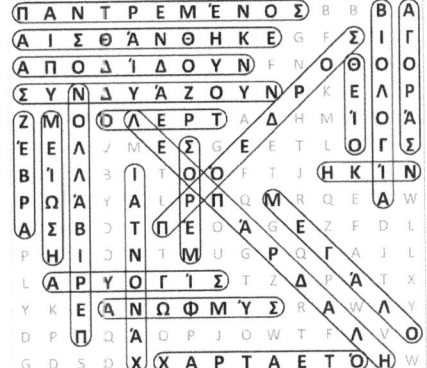

Puzzle 39

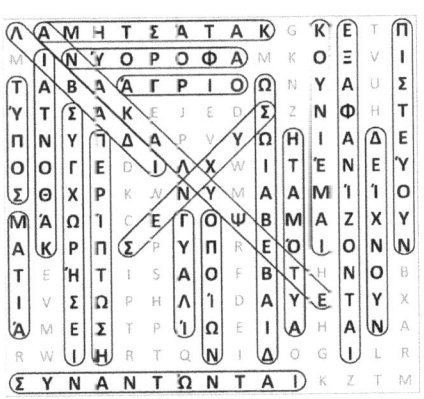

Puzzle 40

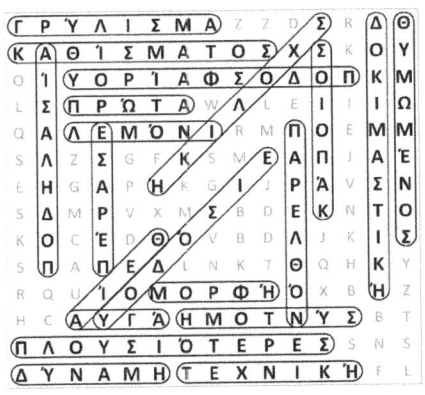

Puzzle 41

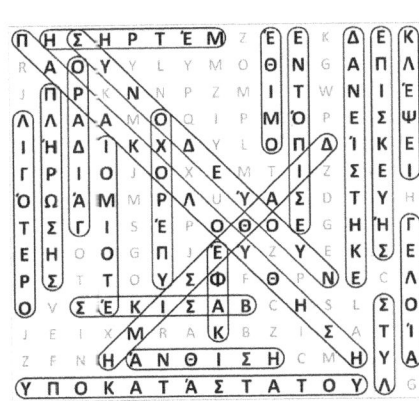

Puzzle 42

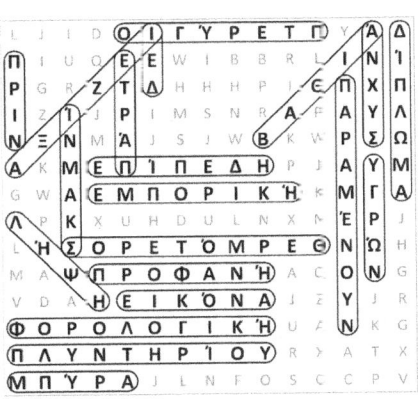

Puzzle 43

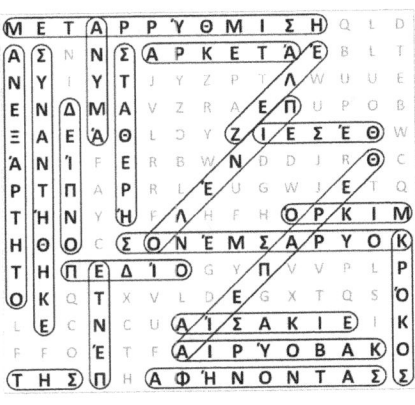

Puzzle 44

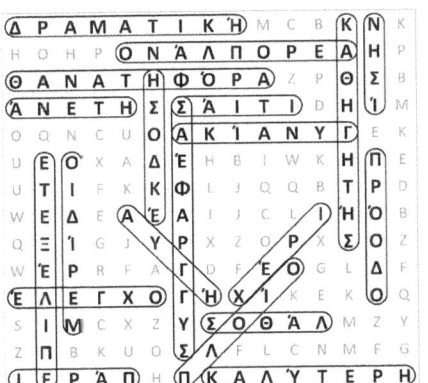

Puzzle 45

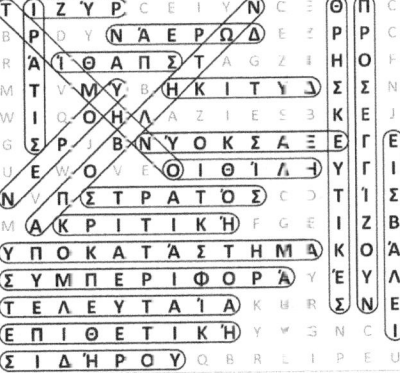

Puzzle 46

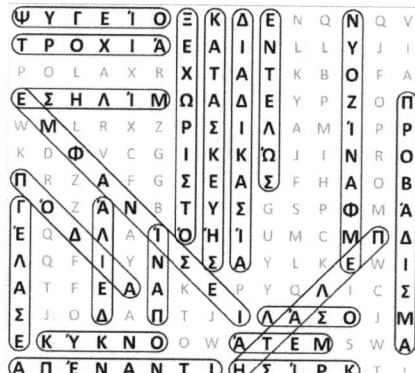

Puzzle 47

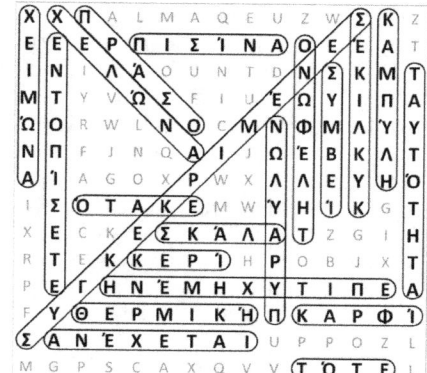

Puzzle 48

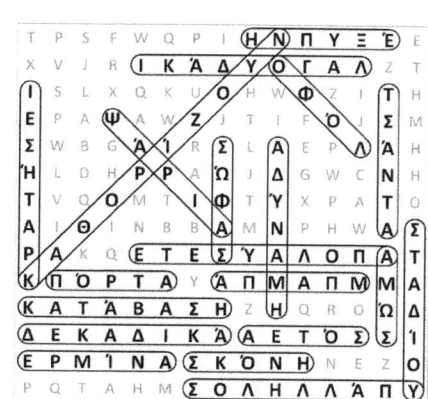

Puzzle 49

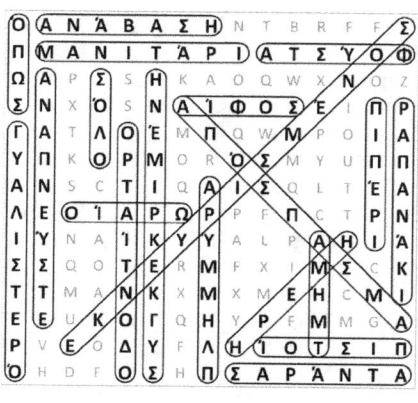

Puzzle 50

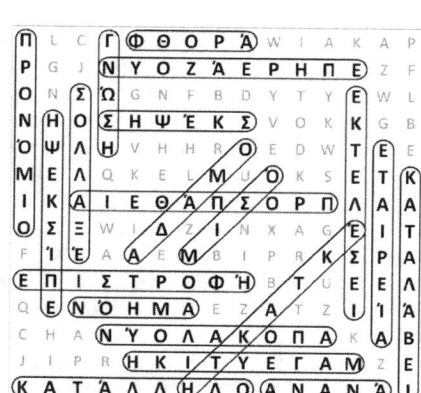

Puzzle 51

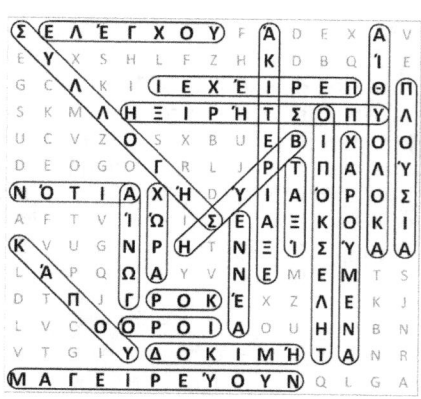

Puzzle 52

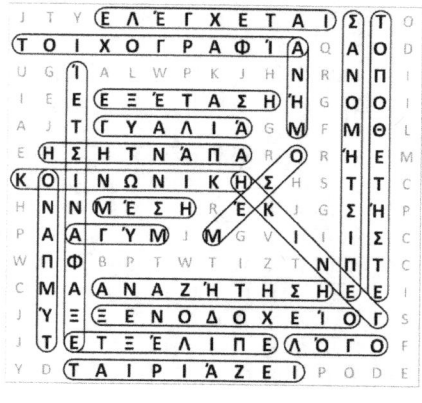

Puzzle 53

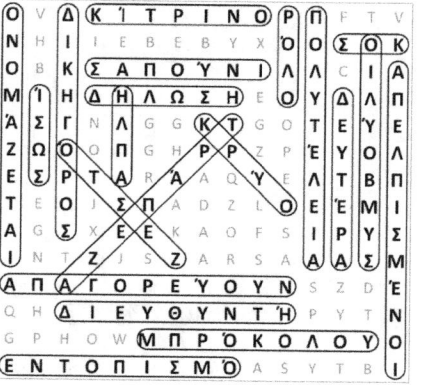

Puzzle 54

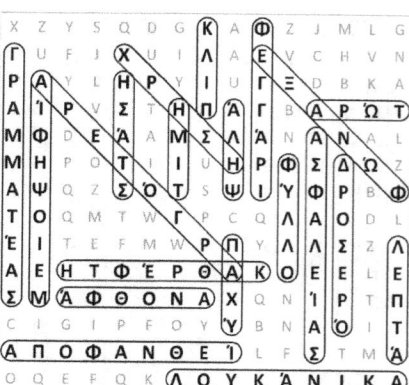

Puzzle 55

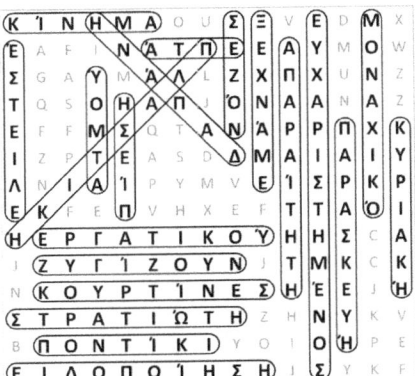

Puzzle 56

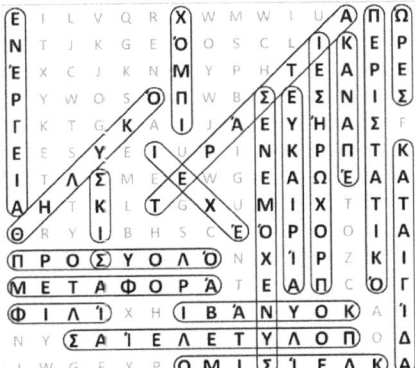

Puzzle 57

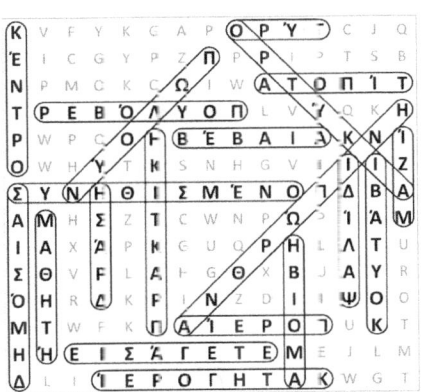

Puzzle 58

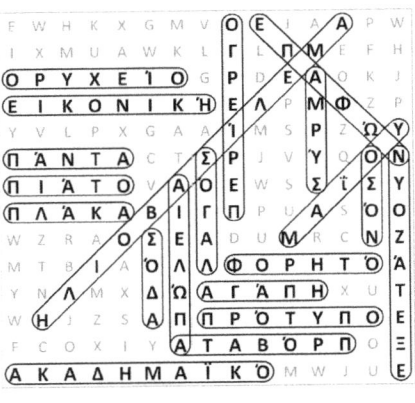

Puzzle 59

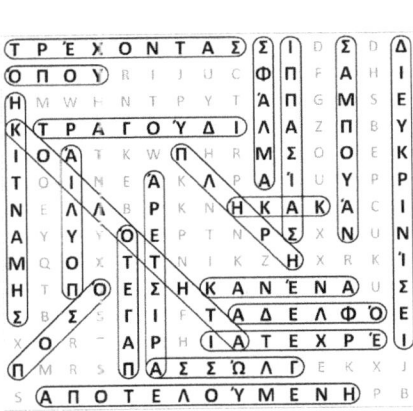

Puzzle 60

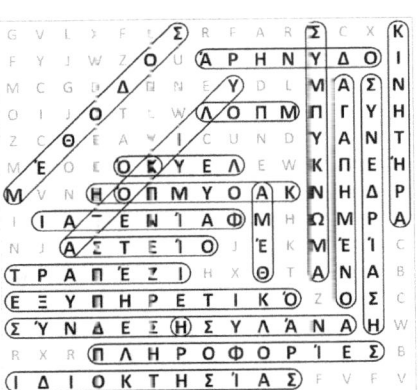

Puzzle 61

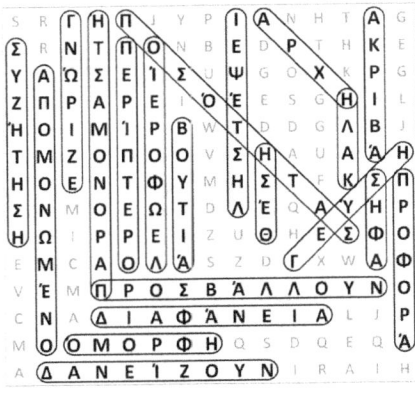

Puzzle 62

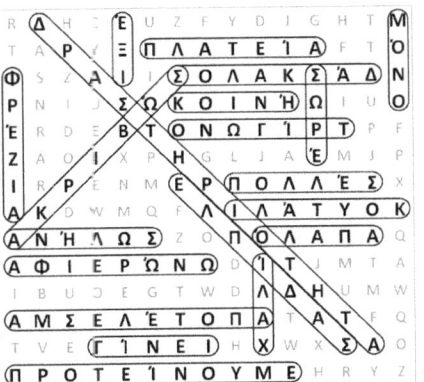

Puzzle 63

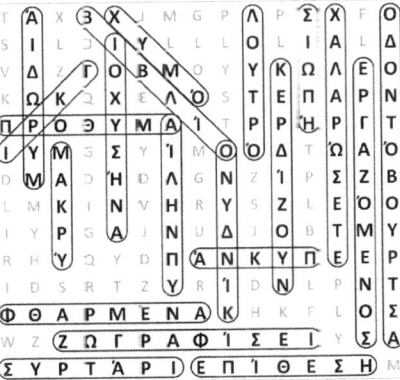

Puzzle 64

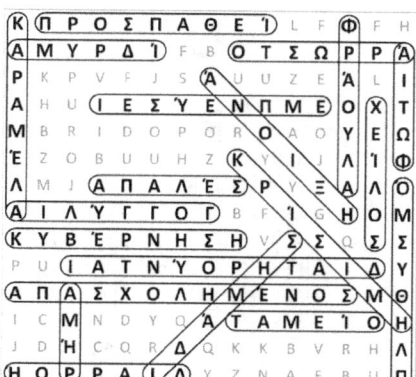

Puzzle 65

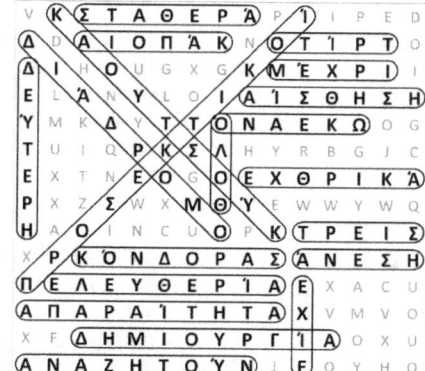

Puzzle 66

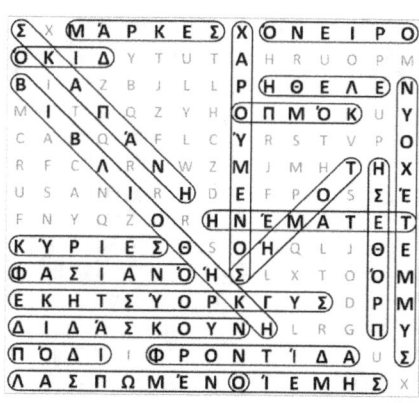

Puzzle 67

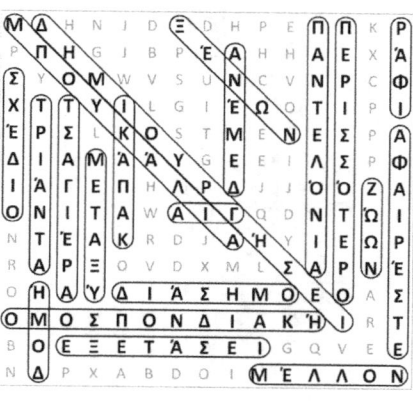

Puzzle 68

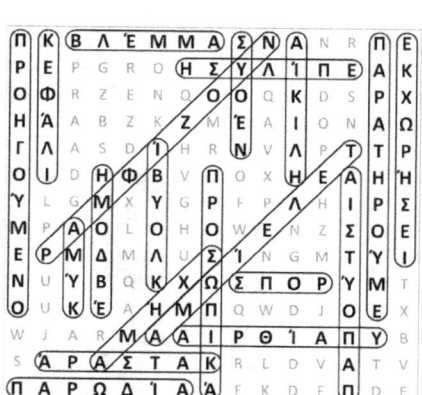

Puzzle 69

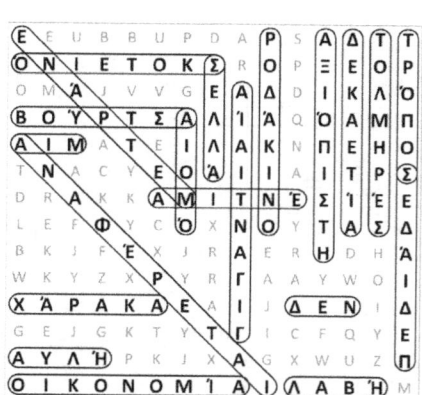

Puzzle 70

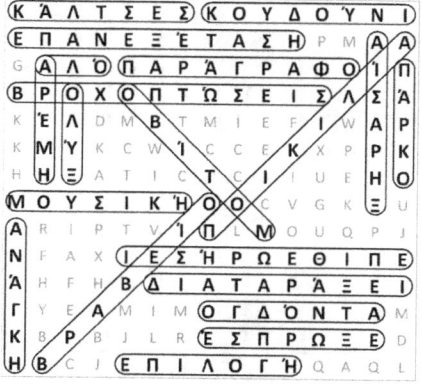

Puzzle 71

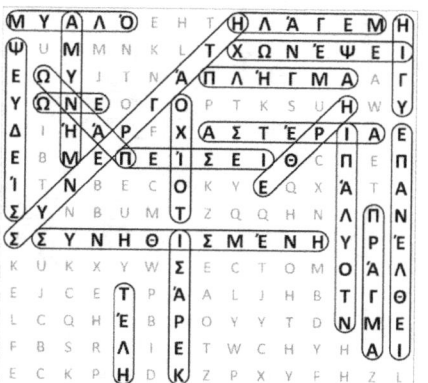

Puzzle 72

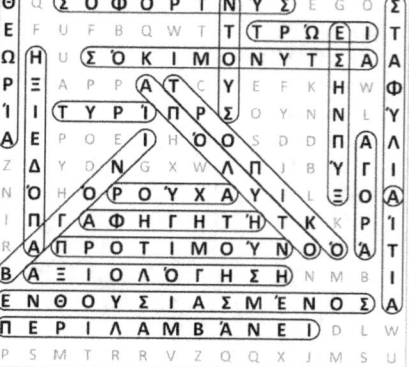

Puzzle 73

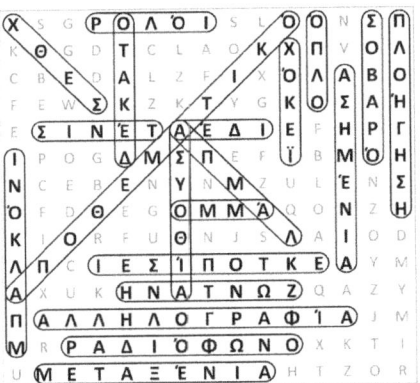

Puzzle 74

Puzzle 75

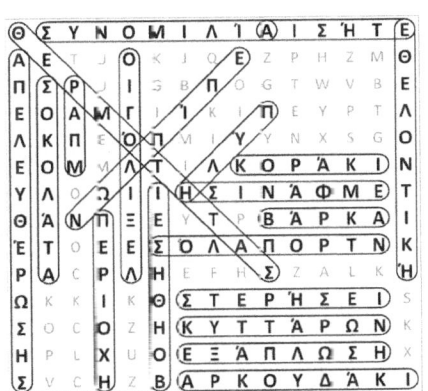

Puzzle 76

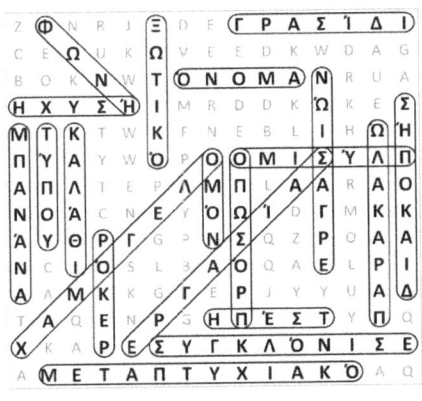

Puzzle 77

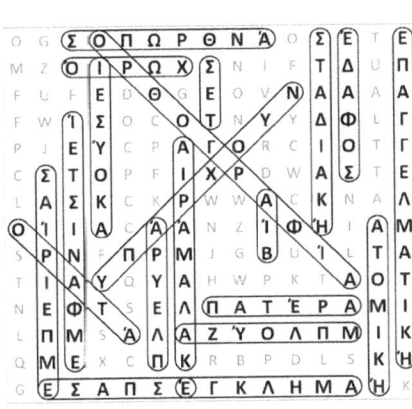

Puzzle 78

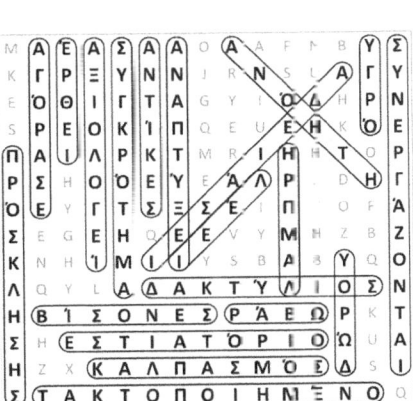

Puzzle 79

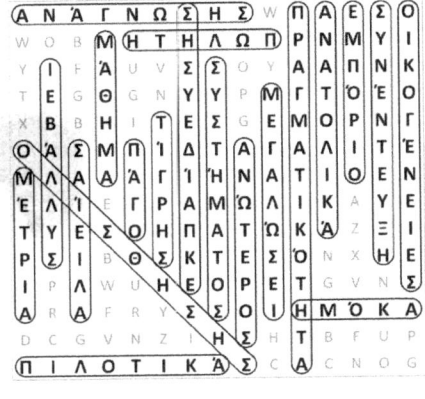

Puzzle 80

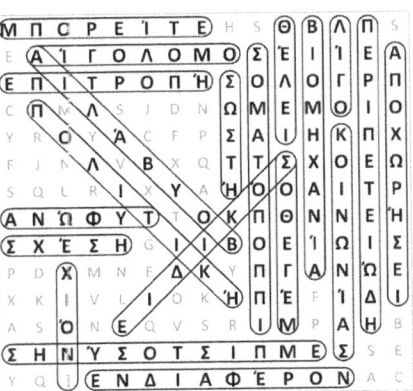

Puzzle 81

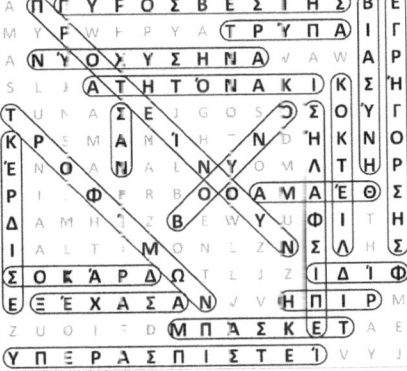

Puzzle 82

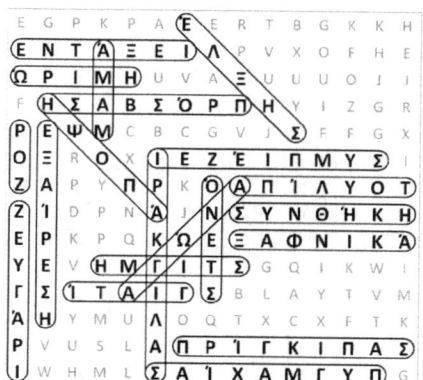

Puzzle 83

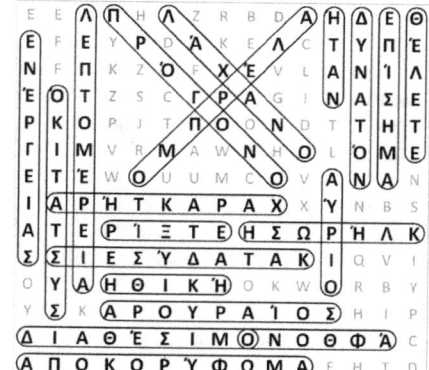

Puzzle 84

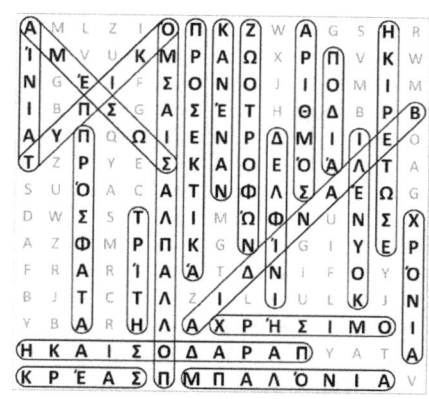

Puzzle 85

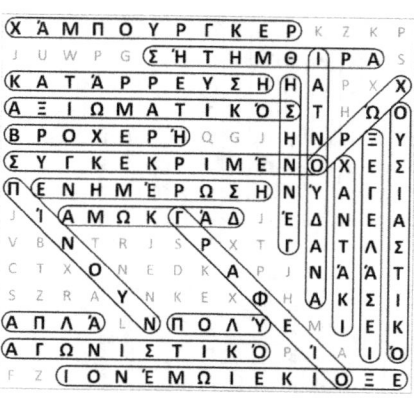

Puzzle 86

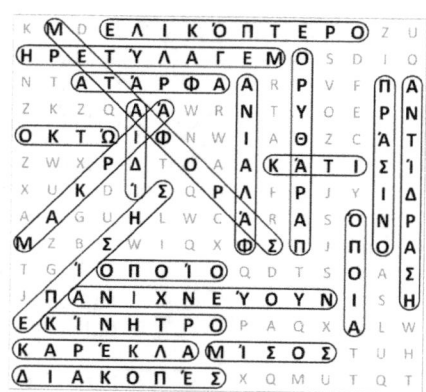

Puzzle 87

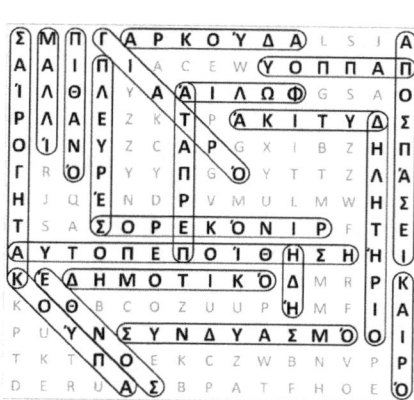

Puzzle 88

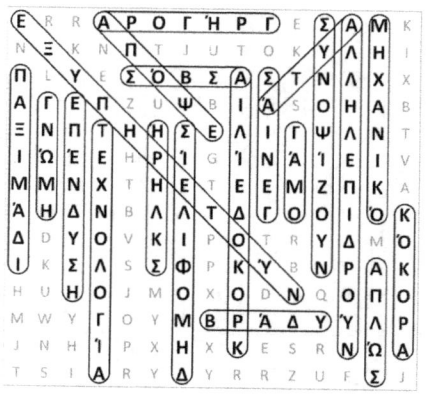

Puzzle 89

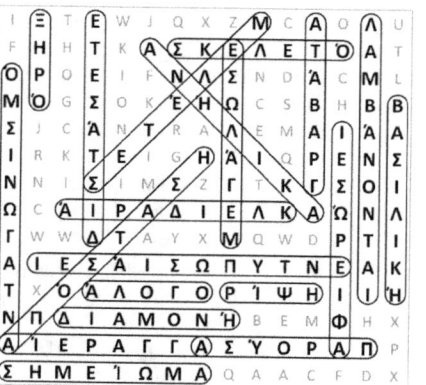

Puzzle 90

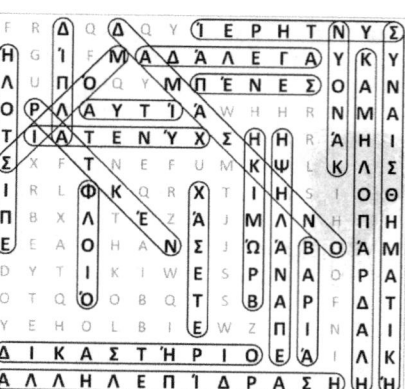

Puzzle 91

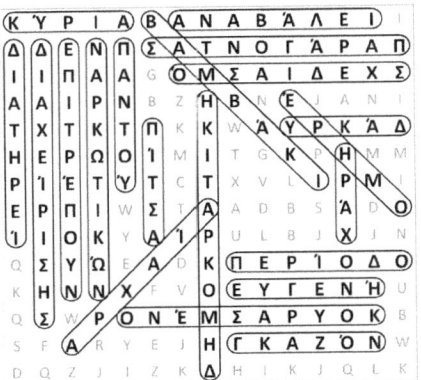

Puzzle 92

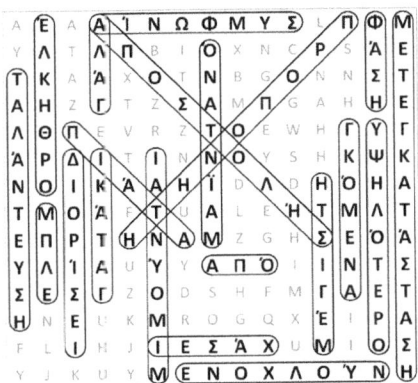

Puzzle 93

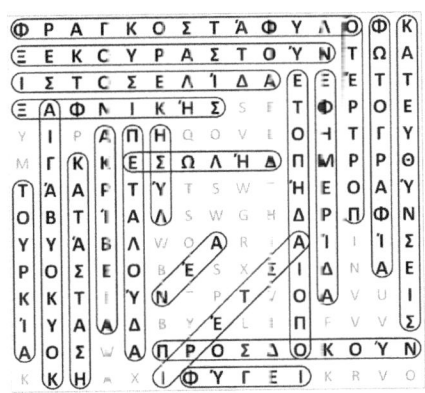

Puzzle 94

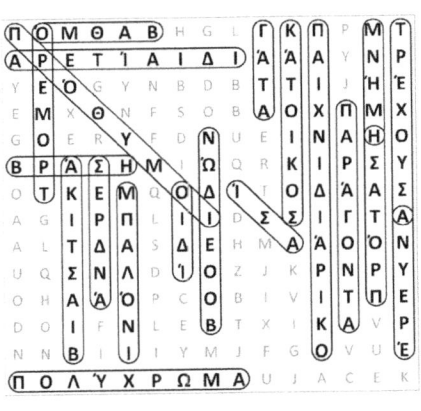

Puzzle 95

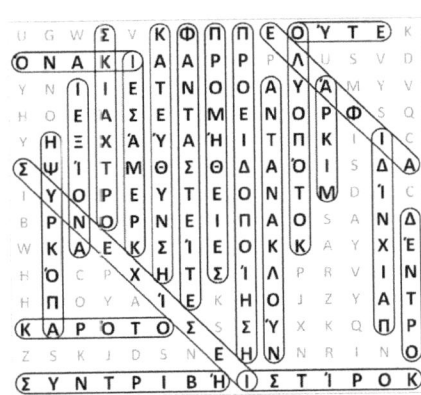

Puzzle 96

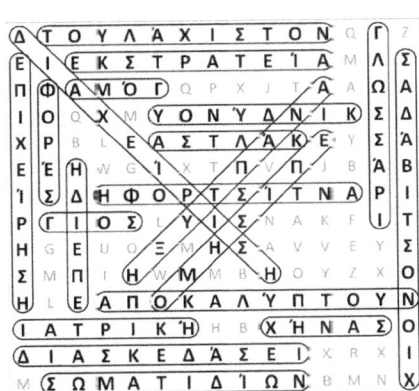

Puzzle 97

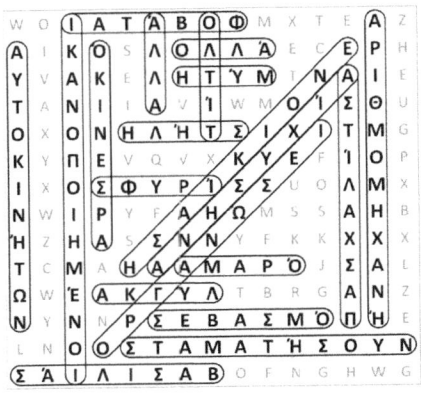

Puzzle 98

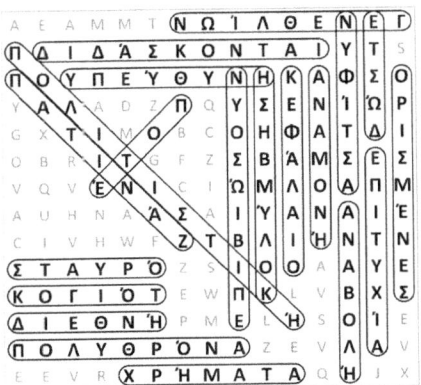

Puzzle 99

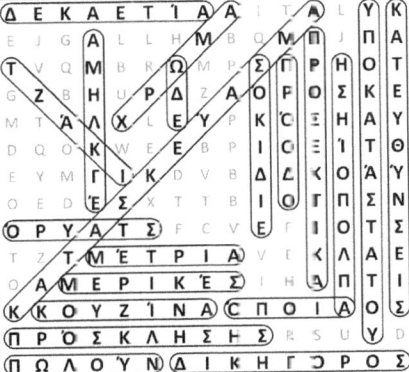

Puzzle 100

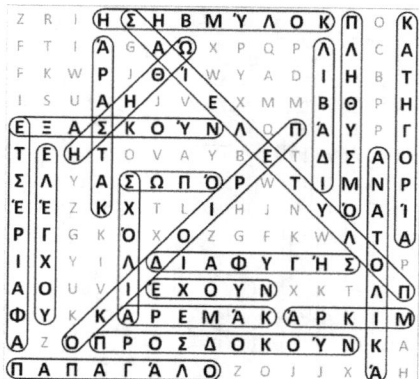

Congratulations

You made it!

We hope you enjoyed this book as much as we enjoyed making it. We do our best to make high quality games.

These puzzles are designed in a clever way to actively spark the brain and make it sharp and quick!
Did you love them?

A Simple Request

Our books exist thanks to the reviews you post on Amazon. Could you help us by leaving a review now?

Here is a short link which will take you to your Amazon orders review page.

BestBooksActivity.com/Review50

MONSTER CHALLENGE!

Challenge #1

Ready for Your Bonus Game? We use them all the time but they are not so easy to find. Here are **Synonyms**!

Note 5 words you discovered in each of the Puzzles noted below (#21, #36, #76) and try to find 2 synonyms for each word.

Note 5 Words from *Puzzle 21*

Words	Synonym 1	Synonym 2

Note 5 Words from *Puzzle 36*

Words	Synonym 1	Synonym 2

Note 5 Words from *Puzzle 76*

Words	Synonym 1	Synonym 2

Challenge #2

Now that you are warmed-up, note 5 words you discovered in each Puzzle
noted below (#9, #17, #25) and try to find 2 antonyms for each word.
How many lines can you do in 20 minutes?

Note 5 Words from **Puzzle 9**

Words	Antonym 1	Antonym 2

Note 5 Words from **Puzzle 17**

Words	Antonym 1	Antonym 2

Note 5 Words from **Puzzle 25**

Words	Antonym 1	Antonym 2

Challenge #3

Wonderful, this monster challenge is nothing to you!

Ready for the last one? Choose your 10 favorite words discovered in any of the Puzzles and note them below.

1.	6.
2.	7.
3.	8.
4.	9.
5.	10.

Now, using these words and within a maximum of six sentences, your challenge is to compose a text about a person, animal or place that you love!

Tip: You can use the last blank page of this book as a draft!

Your Writing:

Explore a Unique Store
Set Up **FOR YOU!**

MEGA DEALS

BestActivityBooks.com/**TheStore**

Designed for **Entertainment**!

Light Up Your Brain With Unique **Gift Ideas**.

Access **Surprising** And **Essential Supplies!**

CHECK OUT OUR MONTHLY SELECTION NOW!

- Expertly Crafted Products -

NOTEBOOK:

SEE YOU SOON!

Delta Classics Team